刊行にあたって

　本書は，銀行業務検定試験「税務3級」（CBT方式を含む）の受験参考書として刊行されたものです。過去の試験問題については『税務3級問題解説集』（銀行業務検定協会編）に収録されておりますが，本書は試験問題を解くための必要知識について要点的に解説し，試験合格に向けてのサポート役として活用していただくことを第一義に編集しています。

　金融機関の行職員にとって税務知識は日々の営業活動を遂行するうえで必要不可欠となっております。金融商品等にかかる税金はもちろんのこと，顧客からの質問・相談の場において的確なアドバイスこそが信頼関係の構築に繋がるからです。税務知識を日頃より身につけて研鑽し，銀行業務検定試験「税務3級」にチャレンジすることは，その習得度合を判定するうえでも有用であり，広く推奨する所以です。

　本書を『税務3級問題解説集』と併せて有効に活用し，銀行業務検定試験「税務3級」に合格され，日常業務活動により一層邁進されることを祈念してやみません。

2024年6月

経済法令研究会

目　次

CONTENTS

第①編 所得税

第2編　相続税・贈与税

第3編 法人税

第④編 その他の税金

本書の利用のしかた

　本書は，銀行業務検定試験「税務3級」受験(CBT方式を含む)のための受験参考書です。

　本試験問題は五答択一式50問となっていますが，出題範囲および各問題数は「所得税」20問，「相続税・贈与税」18問，「法人税」7問，「その他の税金」5問です。

　本書各編でとりあげる項目（テーマ）は，過去の試験問題で出題され，その頻度の高いものを精選していますので，必ず一度は目を通し理解するまで読まれることをおすすめします。

　なお，本書には次の特長を設けています。

〈巻頭　出題項目一覧〉直近5回試験の出題テーマを一覧にしています。

〈本文　直近5回試験の出題頻度〉直近の出題傾向を5つ星で表しています。頻度
　　　　　　　　　　　　　　　　が高いものほど★マークが多くなっています。

〈本文　学習のポイント（吹き出し）〉要点整理や理解を深めるためのポイントを
　　　　　　　　　　　　　　　　　　記載しています。

〈本文　理解度チェック〉本文の内容の理解度をはかるために設けています。問題
　　　　　　　　　　　　を解きながら要点を押さえましょう。

〈側注　関連過去問題〉銀行業務検定試験で過去に実際に出題され，本文に関連す
　　　　　　　　　　　る問題の出題年と問題番号を掲載しています。

〈側注　重要用語〉本文を理解するうえで押さえておきたい用語をピックアップし
　　　　　　　　　て，一部には解説を加えているものもあります。

〈側注　補足〉本文の説明を補足する内容またはポイント等をまとめています。主
　　　　　　　に理解を深めるために役立つものを扱っています。

〈側注　参照〉その箇所が他の編にも関連している場合に，参照として付記してい
　　　　　　　ます。また，本文の参考となる文献や出典についても付記していま
　　　　　　　す。

〈側注　注意〉とくに留意すべき点をまとめています。

〈巻末　重要用語索引〉重要用語（上記参照）を索引で引くことができます。

　なお，本書を読まれ内容につき理解されたら，過去の試験問題にチャレンジしてみましょう。そのためには，別に刊行されている『税務3級問題解説集』（銀行業務検定協会編）を利用されることをおすすめします。実際の問題を解いてみて，誤ったところは再度本書で確かめてください。その繰返しの学習により理解は一層深まるでしょう。

▶ **所得税** 〈20問〉

1 各所得と所得の金額の計算

利子所得／配当所得／不動産所得／事業所得／譲渡所得／給与所得／一時所得／雑所得／山林所得／退職所得

2 課税標準の計算

損益通算／純損失の繰越控除 等

3 所得控除

雑損控除・医療費控除／生命保険料控除・地震保険料控除／寄附金控除・障害者控除／配偶者控除・配偶者特別控除 等

4 税額計算と税額控除

税額計算／税額控除（配当控除・住宅借入金等特別控除等） 等

5 申告・納付

確定申告・申告書の提出期限／延納／修正申告・更正／青色申告 等

6 その他（金融・保険商品税制／源泉徴収制度 等）

▶ **相続税・贈与税** 〈18問〉

〈相続税〉

1 相続人の判定等（法定相続人／法定相続割合 等）

2 相続財産の範囲

課税財産（本来の相続財産，みなし相続財産）・非課税財産 等

3 課税遺産総額の計算

課税価格の合計額の計算（債務控除・葬式費用の範囲等，生前贈与加算，相続税の評価特例等）／基礎控除額 等

4 税額の計算と税額加算・税額控除

相続税の総額の計算／納付税額の計算／税額2割加算・税額控除（贈与税額控除・配偶者の税額軽減・未成年者控除等） 等

5　申告・納付（申告書の提出期限／延納・物納　等）

〈贈与税〉

1　贈与財産の範囲

　　課税財産・非課税財産　等

2　税額計算（暦年課税方式）

　　課税価格の計算／基礎控除額／税額計算　等

3　贈与税の課税特例

　　配偶者控除の特例／住宅取得資金贈与の特例　等

4　申告・納付（申告書の提出期限／延納　等）

5　相続時精算課税制度

　　贈与者・受贈者の要件／特別控除額・税額計算／特例　等

〈財産評価〉

1　土地等の評価（宅地の評価／貸家建付地の評価　等）

2　建物の評価

3　動産の評価

4　株式の評価（上場株式等の評価／取引相場のない株式の評価）

5　金融資産等の評価

▶ 法人税 〈7問〉

1　法人の種類と納税義務等

2　所得の計算

　　益金の額・損金の額／収益の税務（受取配当等の益金不算入等）／資産の税務（棚卸資産・有価証券・固定資産・繰延資産等）／費用の税務（給与・寄附金・交際費等・租税公課・減価償却費等）／損失の税務（資産の評価損・貸倒損失等）／圧縮記帳／引当金・準備金　等

3　税額計算・申告（青色申告／確定申告・中間申告　等）

▶ その他の税金 〈5問〉

1　個人・法人の住民税・事業税（申告・納付　等）

2　不動産にかかる税金

　不動産取得税（課税対象，課税標準の特例等）／固定資産税（納税義務者，課税標準，減額特例等）／登録免許税（課税範囲，納税義務者，課税標準等）

3　消費税（納税義務者／課税期間／課税取引・非課税取引　等）

4　印紙税（課税文書・非課税文書／納税義務者　等）

5　その他

　附帯税（延滞税，利子税）　等

●過去5回の出題項目

分 野		出題項目	2024年3月 (第157回)	2023年10月 (第156回)	2023年3月 (第154回)	2022年10月 (第153回)	2022年3月 (第151回)
所得税	配当所得	配当所得の金額の計算		○	○		○
	金融商品に対する課税	金融（類似）商品の収益に対する課税		○		○	○
		預貯金・公社債等にかかる課税	○	○	○	○	○
		株式にかかる課税	○			○	
		投資信託にかかる課税	○			○	
		株式・投資信託等にかかる課税		○	○		○
		iDeCo		○		○	
		NISA 制度	○		○		○
		保険金・年金にかかる課税	○		○		
	不動産所得	不動産所得の総収入金額	○	○	○	○	
		不動産所得の必要経費	○	○	○	○	
		不動産所得の金額の計算・計算方法	○	○	○	○	
		不動産の貸付の規模					○
	譲渡所得	譲渡所得の課税対象	○			○	○
		譲渡所得計算上の譲渡費用		○			
		譲渡所得計算上の取得費			○		
		譲渡所得の金額の計算方法等				○	
		総合課税される譲渡所得の金額の計算・計算方法	○	○	○	○	○
		上場株式等にかかる譲渡損失の繰越控除の計算					○
		上場株式の譲渡にかかる所得税額の計算	○				
		土地建物等の譲渡にかかる所得税額の計算・計算方法	○	○		○	○
		居住用財産の譲渡にかかる 3,000 万円特別控除			○		
		特定の居住用財産の買替え特例		○		○	
	その他の所得等	事業所得の総収入金額		○		○	
		事業所得の計算上の留意事項	○		○		
		退職所得の課税・金額の計算	○	○		○	○
		一時所得の課税・計算方法					○
		一時所得の課税対象	○		○		
		雑所得の金額の計算			○		
		雑所得に該当しないもの		○			
		所得の損益通算等	○				○
		所得の損益通算等と総所得金額の計算		○	○	○	
		純損失				○	
	所得控除	雑損控除			○		
		医療費控除		○		○	○
		所得控除	○		○		○
		配偶者控除	○				

分 野		出題項目	2024年3月 (第157回)	2023年10月 (第156回)	2023年3月 (第154回)	2022年10月 (第153回)	2022年3月 (第151回)
所得税	税額控除	配当控除					○
		住宅借入金等特別控除		○		○	
	確定申告・青色申告等	所得税の確定申告書の提出等	○		○		○
		青色申告		○		○	
		所得税の納付税額の計算	○	○	○	○	○
相続税・贈与税	設例問題	相続税の申告期限	○	○	○	○	
		法定相続人の数				○	
		法定相続分			○		
		生前贈与加算	○		○	○	
		相続税の課税価格の合計額		○			○
		遺産にかかる基礎控除額の計算	○	○	○		○
		税額控除と2割加算	○	○		○	
	相続税の(非)課税財産	相続税の課税対象	○	○			
		死亡保険金の扱い	○		○		
		死亡退職金の扱い	○				○
	相続税の課税価格の算入・控除	債務控除		○		○	
		葬式費用					○
		小規模宅地等についての相続税の課税価格の計算の特例		○			
	財産の評価	宅地の評価	○		○		○
		貸家建付地等の評価			○		
		家屋の評価				○	
		土地・家屋の評価	○				
		上場株式の評価		○			
		取引相場のない株式の評価	○				○
		相続財産の評価			○		
	相続税の税額加算・税額控除	配偶者に対する相続税額軽減の適用		○	○	○	
		配偶者に対する相続税額軽減の計算	○		○		○
		未成年者控除		○	○		
	課税遺産総額,相続税の総額・算出相続税額の計算等	相続税の総額の計算	○	○	○	○	○
		各人の納付相続税額の計算	○	○	○	○	○
	相続税の申告・納付,延納・物納等	相続税の申告・納付	○	○	○	○	○
	未分割遺産の課税	遺産未分割の場合の申告		○		○	○
	贈与税の課税対象	贈与税の課税対象		○		○	
		負担付贈与の場合の課税対象額				○	

分野		出題項目	2024年3月 (第157回)	2023年10月 (第156回)	2023年3月 (第154回)	2022年10月 (第153回)	2022年3月 (第151回)
相続税・贈与税	贈与税の配偶者控除	贈与税の配偶者控除の適用		○		○	○
		贈与税の配偶者控除を適用した贈与税額の計算	○				
	贈与税の申告・納付・税額計算	贈与税の申告・納付等	○	○	○		○
		暦年課税による贈与税額の計算	○		○		○
	その他の贈与税	事業承継税制			○		
	相続時精算課税制度	相続時精算課税の適用・計算	○	○	○	○	○
法人税	法人税の納税義務	内国法人に対する法人税の課税	○	○		○	
	受取配当金	受取配当金の益金不算入	○		○		
	減価償却資産	減価償却資産の償却限度額の計算				○	
		減価償却資産の法定償却方法	○				
	繰延資産	繰延資産		○			
	役員給与等	役員給与等の扱い		○	○		
	寄附金	寄附金の扱い		○		○	
	交際費等	交際費等の範囲	○		○		
	租税公課	租税公課の損金算入			○		○
	法人税の申告・税額計算	法人税の申告書の提出等		○		○	
		法人税の所得金額の計算	○	○	○		○
		納付法人税額の計算	○	○	○	○	○
	法人税の特例	中小企業関連税制	○				○
その他の税金	住民税	個人住民税の課税	○				
	事業税	個人事業税の課税			○		
		法人事業税の課税		○	○		○
	固定資産税	固定資産税の課税	○			○	
	不動産取得税	不動産取得税の課税		○	○		
	印紙税	印紙税の課税	○	○		○	○
	消費税	消費税の課税				○	○
		消費税の課税取引		○	○		
		消費税の仕入税額控除	○			○	○
		消費税の簡易課税制度		○			
		消費税の免税事業者	○				
		消費税額の計算					○

第1編

所得税

1 | 所得税の仕組み

関連過去問題
- 2024年3月
  問1,問5
- 2023年10月
  問1
- 2023年3月
  問1,問3
- 2022年10月
  問1
- 2022年3月
  問1

重要用語

所得
暦年課税
課税所得金額

1 概要

　所得税は，個人のもうけ（所得という）に対してかかる税金であり，1年間（1月1日から12月31日まで）の所得に対して課税される暦年課税となっている。したがって，所得の金額は，1年間の収入から必要経費を差し引いて計算する。

　ただし，所得税は，1年間の所得金額から「所得控除」を差し引いた残りの金額（課税所得金額という）に対して税率を適用して税額を計算することとされている。

　なお，所得税については原則として，納税者の一人ひとりが，自ら所得等の申告を行って納税する申告納税制度を採用している。ただし，所得金額が一定以下の場合や，源泉徴収により課税関係が完結しているケースあるいは年末調整で所得税の精算が完了している場合などでは，確定申告が不要とされることもある。

2 所得金額の計算

　個人が1年間に得た所得は，その発生原因によって税負担力が異なり，一律に課税することは適当ではない。そこで，所得をその性質によって次の10種類に分け，それぞれの所得について，収入や必要経費の範囲あるいは所得の計算方法などが定められている。

　① 利子所得
　② 配当所得

③ 不動産所得

④ 事業所得

⑤ 給与所得

⑥ 退職所得

⑦ 山林所得

⑧ 譲渡所得

⑨ 一時所得

⑩ 雑所得

3 非課税所得

　納税義務者に帰属するすべての所得は原則として所得税の課税対象となるが，所得の中には，社会政策その他の見地から所得税を課さないものがあり，これを非課税所得という。

　非課税所得の主なものとして，次のようなものがある。

重要用語
非課税所得

● 図表1-1-1非課税所得の項目

区分	非課税所得となる項目
利子・配当所得関係	・障害者等の少額預金の利子 ・勤労者財産形成住宅貯蓄の利子等 ・勤労者財産形成年金貯蓄の利子等 ・新NISAにおける非課税口座内の少額上場株式等に係る配当等
給与所得・公的年金関係	・傷病者や遺族などが受け取る恩給，年金等 ・給与所得者に支給される一定の旅費，限度額内の通勤手当，職務の遂行上必要な現物給与 ・いわゆる税制適格ストック・オプション
譲渡所得関係	・生活に通常必要な動産の譲渡による所得 ・新 NISA における非課税口座内の少額上場株式等に係る譲渡所得等 ・国や地方公共団体等に財産を寄附した場合の譲渡所得等
その他	・心身に加えられた損害または突発的な事故により資産に加えられた損害に基づいて取得する保険金，損害賠償金，慰謝料など ・相続，遺贈または個人からの贈与により取得するもの

4 所得控除

所得税の課税対象である課税所得金額は，すべての所得金額から所得控除額を差し引いて算出する。所得控除とは，納税者本人の扶養親族の状況など，個別の事情を加味して税負担を調整するために設けられているもので，次の種類がある。

① 雑損控除　　　　　　　　　　⑨ 寡婦控除

② 医療費控除　　　　　　　　　⑩ ひとり親控除

③ 社会保険料控除　　　　　　　⑪ 勤労学生控除

④ 小規模企業共済等掛金控除　　⑫ 配偶者控除

⑤ 生命保険料控除　　　　　　　⑬ 配偶者特別控除

⑥ 地震保険料控除　　　　　　　⑭ 扶養控除

⑦ 寄附金控除　　　　　　　　　⑮ 基礎控除

⑧ 障害者控除

理解度チェック

❶ 給与所得者における出張旅費は，課税となる。

❷ 所得税については，原則として納税者一人ひとりが，自ら所得等の申告を行って納税する申告納税制度を採用している。

❸ 障害者等の少額預金の利子は，非課税とされる。

解答　❶ ×　非課税となる。
　　　❷ ○
　　　❸ ○

2 | 所得税の税額計算の流れ

1 総合課税と分離課税

　所得税は，１年間の各種の所得金額を合計し，これについて所得税額を計算する「総合課税」が原則である。総合課税では，所得が大きくなるにつれて段階的に税率が高くなる超過累進税率を適用する。

　しかし，一定の所得については，他の所得金額と合計せず，分離して個別に税額を計算する「分離課税」が行われている。分離課税には，確定申告によりその税額を納める「申告分離課税」と，所得を支払う者がその所得の支払いの際に一定の税率で所得税を源泉徴収し，それだけで所得税の納税が完結する「源泉分離課税」とがある。

関連過去問題

- 2024年3月 問20
- 2023年10月 問3，問20
- 2023年3月 問20
- 2022年10月 問4，問20
- 2022年3月 問4，問20

重要用語

総合課税
超過累進税率
分離課税
申告分離課税
源泉分離課税

●図表1-2-1 総合課税の対象となる所得

①	利子所得（源泉分離課税とされるもの，平成28年1月1日以後に支払いを受けるべき特定公社債等の利子等を除く）
②	配当所得（源泉分離課税とされるもの，確定申告をしないことを選択したものおよび，平成21年1月1日以後に支払いを受けるべき上場株式等の配当について，申告分離課税を選択したものを除く）
③	不動産所得
④	事業所得（株式等の譲渡による事業所得を除く）
⑤	給与所得
⑥	譲渡所得（土地・建物等および株式等の譲渡による譲渡所得を除く）
⑦	一時所得（源泉分離課税とされるものを除く）
⑧	雑所得（株式等の譲渡による雑所得，源泉分離課税とされるものを除く）

第1編

2　総所得金額

📖 重要用語

総所得金額

　総合課税では，所得の金額を一定の方法により合計した総所得金額から，所得控除の合計額を控除し，その残額（課税総所得金額）に税率を乗じて税額を計算する。

　総所得金額は，以下の金額の合計として算出される。

不動産所得
事業所得
給与所得
総合課税の利子所得・配当所得・短期譲渡所得・雑所得（損益通算後）
総合課税の長期譲渡所得（損益通算後の金額）の2分の1の金額
一時所得の合計額（損益通算後の金額）の2分の1の金額

💡 補足

繰越控除には，純損失や雑損失の繰越控除，居住用財産の買換え等の場合の譲渡損失の繰越控除，特定居住用財産の譲渡損失の繰越控除，上場株式等に係る譲渡損失の繰越控除などがある。

　ただし，繰越控除を受けている場合は，その適用後の金額となる。

《退職所得金額と山林所得金額》

　退職所得や山林所得は長年の勤務あるいは育成から生じた所得であり，一時に支払われるものであることから，他の所得と合算すると超過累進税率の影響から税負担が著しく重くなってしまうため，これを分離して別個の課税標準としている。

3　納付税額の計算

▶ 1. 超過累進税率

　所得税額は，課税所得金額に所得税の税率を適用して計算する。所得税の税率は，分離課税に対するものなどを除き，所得が低い部分には低い税率が適用され，高くなるにつれて段階的に高くなる超過累進税率となっている（図表1-2-2参照）。

　課税総所得金額または課税退職所得金額に対する税額は，課税所得金額ごとに区分された速算表を用いて計算ができる。

● 図表1-2-2　所得税の速算表

金額の区分（A）	税率（B）	控除額（C）	（A）×（B）−（C）＝ 税額
195 万円以下	5%	−	（A）× 　5%
195 万円超〜　330 万円以下	10%	97,500 円	（A）× 10%− 　　97,500 円
330 万円超〜　695 万円以下	20%	427,500 円	（A）× 20%− 　427,500 円
695 万円超〜　900 万円以下	23%	636,000 円	（A）× 23%− 　636,000 円
900 万円超〜1,800 万円以下	33%	1,536,000 円	（A）× 33%− 1,536,000 円
1,800 万円超〜4,000 万円以下	40%	2,796,000 円	（A）× 40%− 2,796,000 円
4,000 万円超	45%	4,796,000 円	（A）× 45%− 4,796,000 円

▶ 2．税額控除

　一定の場合，課税所得金額に税率を乗じて算出した所得税額から，一定の金額を控除することができる。これを税額控除という。

　主な税額控除として，配当控除，外国税額控除，住宅借入金等特別控除などがある。

▶ 3．復興特別所得税額

　平成25年から令和19年までの各年分については，所得税と併せ，復興特別所得税を申告・納付する。復興特別所得税額は，基準所得税額に2.1％の税率を乗じて計算する。

　なお，源泉所得税には，復興特別所得税が併せて徴収されている。

重要用語
税額控除

重要用語
復興特別所得税

4　定額減税

▶ 1．概要

　定額減税とは，デフレ脱却のための一時的な措置として，令和6年分の所得税・個人住民税に関する特別控除として減税措置を実施する制度である。

▶ 2．特別控除の額

① 特別控除額は次の金額の合計額とする。ただし，合計額がその居住者の所得税額を超える場合には，所得税額，個人住

重要用語
定額減税

第1編

● 図表1-2-3 　所得税の計算の流れ

(注1)　土地・建物等の長期譲渡所得と短期譲渡所得の計算上生じた譲渡損失の金額は、両者間に限り損益の相殺をすることができ、マイナスが生じた場合はなかったものとされ、損益通算や繰越控除はできない（措法31条・32条）。

　　　　しかし、特定の居住用財産の買換えまたは譲渡をした場合に生じた一定の譲渡損失に限り損益通算と繰越控除をすることができる（措法41条の5・41条の5の2）。

(注2)　退職所得の金額は各種所得の金額の計算の段階で2分の1としている。総合の長期譲渡所得と一時所得の金額は一定の順序により損益通算を行った後に2分の1している点に留意。

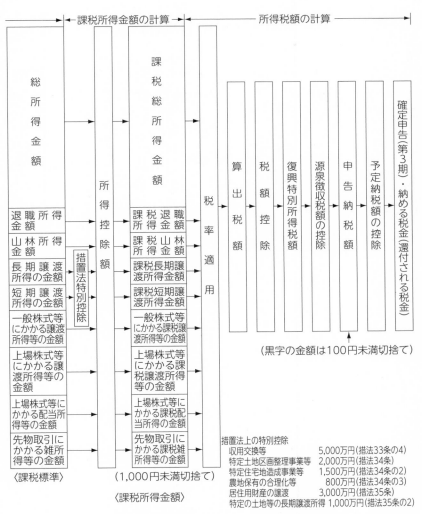

措置法上の特別控除
　収用交換等　　　　　　　　5,000万円(措法33条の4)
　特定土地区画整理事業等　　2,000万円(措法34条)
　特定住宅地造成事業等　　　1,500万円(措法34条の2)
　農地保有の合理化等　　　　　800万円(措法34条の3)
　居住用財産の譲渡　　　　　3,000万円(措法35条)
　特定の土地等の長期譲渡所得 1,000万円(措法35条の2)

（注3）　上場株式等にかかる譲渡所得等の金額のうち,上場株式等の売却で特定口座を開設したものは,
他の株式等の売却による所得と区分して特定口座年間取引報告書により簡便に申告することがで
きる。さらに,特定口座内に生ずる所得に対して源泉徴収を選択(源泉徴収口座)した場合には申告
不要とすることができる。また,上場株式等の配当等を特定口座の源泉徴収口座に受け入れ,源泉徴
収口座内の上場株式等の譲渡損失と損益通算できる。
（注4）　株式等にかかる譲渡所得等の金額の負債利子については,譲渡の年の1月1日から譲渡の日まで
の期間に対応するものに限る。

民税所得割額を限度とする^(注)。

ⓐ 本人　所得税3万円（個人住民税1万円)

ⓑ 同一生計配偶者および扶養親族　1人につき所得税3万円（個人住民税1万円)

② 合計所得金額1,805万円超の高額所得者は対象外とする。

（注）　控除しきれないと見込まれる部分は市区町村から調整給付される。

▶ 3. 実施方法

　給与所得者，公的年金受給者および個人事業主とに区分し，令和6年6月1日以降の税負担額（源泉徴収税額，予定納税額等）から順次控除し，控除しきれない税額は年末調整，確定申告で確定する。

3 | 青色申告

1 青色申告制度

　所得税法は，納税者が自ら税法に従って所得金額と税額を正しく計算し納税するという申告納税制度を原則としている。1年間の所得金額を正しく計算するためには，日々の取引の状況を記帳し，一定の帳簿書類を保存しておく必要がある。

　これについて，一定の帳簿を備え付け，帳簿に日々の取引を記帳し，その記録に基づいて1年間に生じた所得金額を正しく計算し申告をする者については，税務上有利な取扱いが受けられる制度が設けられており，これを青色申告制度という。

2 青色申告のできる者

　「不動産所得」，「事業所得」および「山林所得」を生ずるべき業務を行う者は，納税地の所轄税務署長の承認を受けることにより，確定申告書（修正申告書を含む）を青色申告により提出することができる（所143条）。

3 青色申告の承認手続き

　新たに青色申告の申請をする人は，原則として，適用を受けようとする年の3月15日まで（その年の1月16日以後に新規に業務を開始した場合は，業務開始日から2か月以内）に，「青色申告承認申請書」を納税地の所轄税務署長に提出しなければならない（所144条）。

関連過去問題
- 2023年10月 問19
- 2022年10月 問19

重要用語
青色申告制度

第1編

4　青色申告者の帳簿書類

　青色申告者は，その業務につき帳簿書類を備え付けてこれに日々の取引を正規の簿記の原則に基づき正確に記録し，貸借対照表および損益計算書を作成しなければならない（所148条）。ただし，現金出納帳，売掛帳，買掛帳，経費明細帳，固定資産台帳のような帳簿を備え付けて簡易な記帳をするだけでもよいことになっている（所規56条）。

　また，これらの帳簿書類は一定期間（原則として7年間，書類により5年間）保存しなければならない。

● 図表1-3-1　備付帳簿

正規の簿記（複式簿記）による場合	正規の簿記の原則による帳簿書類
簡易帳簿による場合	① 　現金出納帳 ② 　売掛帳 ③ 　買掛帳 ④ 　経費明細帳 ⑤ 　固定資産台帳
小規模事業者の現金主義による場合	① 　現金出納帳 ② 　固定資産台帳

5　青色申告の特典

　青色申告の主な特典として，次のようなものがある。

項目	内容
青色申告特別控除 （措法 25 条の 2）	所得計算において最高 55 万円^{（注1）}または 10 万円^{（注2）}の控除が受けられる
青色事業専従者給与 （所 57 条 1 項）	生計を一にしている配偶者やその他の親族（年齢 15 歳以上）で，その青色申告者の事業に専ら従事している人に支払った給与^{（注3）}は，必要経費に算入することができる
貸倒引当金 （所 52 条）	事業所得を生ずべき事業を営む青色申告者が，一定の金額を貸倒引当金勘定へ繰り入れたときは，その金額を必要経費に算入することができる
純損失の繰越しと繰戻し（所 70 条・140 条）	事業所得などに損失の金額がある場合で，損益通算の規定を適用してもなお控除しきれない部分の金額（純損失の金額）が生じたときには，その損失額を翌年以後 3 年間にわたって繰り越して，各年分の所得金額から控除できる。 また，前年も青色申告をしている場合は，純損失の繰越しに代えて，その損失額を前年に繰り戻して，前年分の所得税の還付を受けることもできる。

（注 1）令和 2 年分以後の青色申告特別控除について，この 55 万円の青色申告特別控除を受けることができる人が優良な電子帳簿の要件等を満たした電子帳簿保存等または e-Tax による電子申告を行っている場合は，65 万円の青色申告特別控除が受けられる。

（注 2）55 万円控除は，不動産所得または事業所得を生ずべき事業を営んでいる青色申告者で，正規の簿記の原則により記帳し，貸借対照表および損益計算書を作成している場合に限る。それ以外の青色申告者については，最高 10 万円。

（注 3）事前に提出された届出書に記載された金額の範囲内で，専従者の労務の対価として適正な金額であることが条件。

第 1 編

4 配当所得

関連過去問題

- 2024年3月
  問2, 問3
- 2023年10月
  問2, 問5
- 2023年3月
  問2, 問5
- 2022年10月
  問2, 問3
- 2022年3月
  問2, 問5

📖 **重要用語**

配当所得

1 配当所得の範囲

配当所得とは，株主や出資者が法人から受ける剰余金や利益の配当，剰余金の分配など，次の所得をいう（所24条1項）。

① 剰余金の配当（株式または出資[注1]に係るものに限る）[注2]

② 利益の配当

③ 剰余金の分配（出資に係るものに限る）

④ 投資信託および投資法人が行う金銭の分配

⑤ 基金利息

⑥ 投資信託（公社債投資信託および公募公社債等運用投資信託を除く）の収益の分配

⑦ 特定受益証券発行信託の収益の分配

（注1） 公募公社債等運用投資信託以外の公社債等運用投資信託の受益権および社債的受益権を含む。

（注2） 資本剰余金の額の減少に伴うもの，分割型分割および株式分配を除く。

2 非課税所得

① 追加型株式投資信託（オープン型投資信託）の収益分配金のうち，元本払戻金（特別分配金）（所9条11号）

② 非課税口座内の少額上場株式等に係る配当所得（措法9条の8）

③ 未成年者口座内の少額上場株式等に係る配当所得（措法9条の8）

3　配当所得の計算方法

配当所得の金額は，次のように計算する（所24条2項）。

| 配当所得の金額 | =収入金額^(注1)－株式などを取得するための借入金の利子^(注2) |

（注1）源泉徴収税額を差し引く前の金額。
（注2）収入金額から差し引くことができるのは，配当所得を生ずべき元本を取得するために要したものに限られ，確定申告不要を選択した株式の取得に要した借入金の利子は含まれない。

4　配当所得の源泉徴収

配当所得は，配当等の支払いの際に株式等の区分に応じて所得税等が源泉徴収される。

●図表1-4-1　配当等に対する源泉徴収税率

区分	源泉徴収税率
①　上場株式等の配当等（大口株主を除く）	20.315%（= 15.315%（復興特別所得税0.315%を含む）+住民税5%）
②　上場株式等以外の配当等の場合（大口株主を含む）	20.42%（復興特別所得税0.42%を含む）※住民税なし

（注）大口株主
　　　発行済株式の総数等の3%以上を有する個人をいう。大口株主が支払いを受ける上場株式等の配当等については，②により源泉徴収される。

重要用語

大口株主

5　配当所得の課税方法

配当所得は，原則として総合課税の対象となり，配当の支払いの際の源泉徴収税額は確定申告によって精算される。ただし，申告分離課税または申告不要制度という課税の特例の選択も可能な場合がある。

▶ 1. 申告不要制度

　配当所得のうち，次の配当等については納税者の判断により確定申告不要を選択することができる（措法8条の5）。

　なお，申告不要制度を選択した配当所得に係る源泉徴収税額は，その年分の所得税額から差し引くことはできない。

① 上場株式等の配当等（大口株主等が支払いを受ける場合を除く）

② 公募株式投資信託，公募証券投資信託（特定株式投資信託を除く）および特定投資法人の投資口の配当等

③ 投資法人からの金銭の分配

④ 上記以外で，少額配当であるもの^{（注）}

（注）少額配当
　　　1回に支払いを受ける金額が，次により計算した金額以下のもの
　　　10万円×配当計算期間の月数÷12

▶ 2. 申告分離課税制度

① 制度の概要

　上場株式等の配当等（一定の大口株主等が受ける上場株式等の配当等を除く）については，総合課税に代えて申告分離課税を選択することができる（措法8条の4）。

　なお，上場株式等の配当等を申告する場合には，その申告する上場株式等の配当等の全額について，総合課税と申告分離課税のいずれかを選択することになる。

　申告分離課税の税率は，15.315％（復興特別所得税0.315％を含む。他に住民税5％）の税率が適用される。

② 上場株式等に係る譲渡損失がある場合

　上場株式等に係る譲渡損失がある場合（その年の前年以前3年内に生じた上場株式等に係る譲渡損失のうち，まだ控除されていないものがある場合を含む）には，一定の要件の下，

補足

令和5年10月1日以後に支払われる上場株式等の配当等については，持株割合が3％未満の個人株主についても，その個人株主の同族会社である法人の持株割合との合計で3％以上となる場合，大口株主等と同様，総合課税の対象となる。

重要用語

少額配当

申告分離課税を選択した上場株式等の配当所得等の金額から控除することができる。

● 図表1-4-2　上場株式等の配当等の課税制度

	確定申告		確定申告不要
	総合課税 (注2)	申告分離課税	
源泉徴収税率 (注1)	所得税等 15.315% ＋住民税 5%		
税率	累進税率	所得税 15.315% ＋住民税 5%	
配当控除	○	×	×
上場株式等の譲渡損失との損益通算	×	○	×

（注1）大口株主等が支払いを受ける上場株式等の配当等の源泉徴収税率は，20.42%（復興特別所得税を含む）。

（注2）大口株主等が受ける上場株式等の配当等は総合課税の対象となり，申告分離課税や確定申告不要制度（少額配当である場合を除く）を選択することはできない。

6 配当控除

　国内株式等から受ける剰余金の配当，証券投資信託の収益の分配などで，確定申告において総合課税の適用を受けた配当所得があるとき，一定の税額控除を受けることができ，これを配当控除という（詳細は「19　配当控除」を参照）。

● 参考　投資信託の課税体系の例示

①公募公社債投資信託の収益分配金	利子所得（上場株式等）
②公募証券投資信託の収益分配金（①を除く）	配当所得（上場株式等）
③公募証券投資信託の解約差損益	譲渡所得（上場株式等）
④私募証券投資信託の収益分配金	配当所得（一般株式等）
⑤追加型株式投資信託の収益分配金	配当所得
⑥追加型株式投資信託の特別分配金	非課税
⑦不動産投資信託（J-REIT）の収益分配金	配当所得（上場株式等）

理解度チェック

❶ 配当所得は，収入金額から借入金の利子を差し引いて算出する。

❷ 上場株式の配当は，申告分離課税を選択できない。

❸ 上場株式等の配当等の源泉徴収税率は20.315％である。

解答　❶ ○
　　　　❷ ×　申告分離課税を選択できる。
　　　　❸ ○

5 | 利子所得

1 利子所得の範囲および金額

利子所得とは，①預貯金の利子および，②公社債の利子ならびに，③合同運用信託の収益の分配，④公社債投資信託（MMF，MRF，中期国債ファンドなど）の収益の分配および，⑤公募公社債等運用投資信託の収益の分配，に係る所得をいう（所23条1項）。

1年間に支払いを受けた利子等の収入金額（源泉徴収される前の金額）が，そのまま利子所得の金額となる（同2項）。

2 利子所得の課税方法

▶ 1. 源泉分離課税

利子所得は，原則として，その支払いを受ける際，利子所得の金額に一律20.315%（所得税等15.315%＋住民税5%）の税率を乗じて算出した所得税等が差し引かれ，この源泉徴収によって納税が完結する（措法3条）。したがって，利子の支払いを受けた者は確定申告をする必要はない。

▶ 2. 申告分離課税

特定公社債等^(注)の利子等については，その支払いを受ける際に税率20.315%（所得税等15.315%＋住民税5%）により所得税等が源泉徴収されるとともに，申告不要とするか，申告分離課税の対象とするかを選択できる。申告分離課税により申告する場合は，上場株式等の譲渡損失の金額と損益通算することができる。

なお，特定公社債等以外の公社債の利子のうち，平成28年1月

関連過去問題
✐ 2024年3月
　問1, 問2
✐ 2023年10月
　問1, 問2
✐ 2023年3月
　問1, 問2
✐ 2022年10月
　問1, 問2
✐ 2022年3月
　問1, 問2

📖 重要用語
利子所得

💡 補足
懸賞金付き預貯金の懸賞金は一時所得であるが，（総合課税ではなく）預貯金の利子と同様に源泉分離課税の対象となる。

📖 重要用語
特定公社債等

第1編

補足

令和3年4月1日以後に支払いを受けるべき同族会社が発行した社債の利子で，その同族会社の主要株主である法人の50%超を保有する個人とその親族等が支払を受けるものも総合課税の対象となる。

1日以後に支払いを受けるべき同族会社が発行した社債の利子で，その同族株主やその親族等が支払いを受けるものについては，総合課税の対象となる。

(注) 特定公社債等とは，国債，地方債，外国国債，外国地方債，公募公社債，上場公社債，平成 27 年 12 月 31 日以前に発行された公社債（同族会社が発行した社債を除く）などの一定の公社債や公募公社債投資信託等などをいう。

● 図表1-5-1　利子所得の課税方法

区分	課税方法
下記以外の利子（一般利子等）	源泉分離課税
特定公社債等の利子等	源泉分離課税または申告分離課税
同族会社が発行した社債の利子で，主要株主が受ける等一定のもの	総合課税

3　非課税所得

次のような利子所得は非課税とされている。

① 障害者等[注1]の少額預金の利子や少額公債の利子（それぞれ元本350万円まで ⇒ 合計で元本700万円まで）

② 勤労者財産形成住宅貯蓄（いわゆる財形住宅貯蓄）および勤労者財産形成年金貯蓄（いわゆる財形年金貯蓄）の利子（合計で元本550万円まで）[注2]

③ 納税準備預金の利子

④ いわゆる子供銀行の預貯金等の利子

(注1) 身体障害者手帳の交付を受けている人や障害年金を受けている人など，一定の要件を満たす者と，遺族年金や寡婦年金を受けている妻など一定の要件を満たす者をいう。

(注2) 目的外の払出しが行われた場合には，原則として，5年間遡及して課税される。

6 | 株式等の譲渡所得

1 概要

株式等の譲渡による譲渡所得の金額は，他の譲渡所得の金額（「12 譲渡所得」参照）とは区分して税金を計算する分離課税となっている。

「株式等」とは，以下のものをいう 。

---

① 株式，新株予約権等

② 合名会社，合資会社・合同会社の社員の持分，協同組合等の組合員または会員の持分等

③ 特定目的会社等の優先出資

④ 投資信託の受益権

⑤ 特定受益証券発行信託の受益権

⑥ 社債的受益権

⑦ 公社債

---

2 課税方法

▶ 1. 譲渡所得の金額の計算方法

譲渡所得の金額は，①上場株式等に係る譲渡所得等の金額と，②一般株式等に係る譲渡所得等の金額とに区分され，上場株式等に係る譲渡損失の金額を一般株式等に係る譲渡所得等の金額から控除することはできない。

関連過去問題
🖋 2024年3月
　　問12
🖋 2023年3月
　　問12
🖋 2022年10月
　　問10
🖋 2022年3月
　　問12

第1編

> ❗ 注意
> 株式等には外国法人に係るものを含み，ゴルフ会員権となる株式または出資者の持分を除く。

> ❗ 注意
> 公社債は「株式等」に含まれ，公社債の償還金は，「上場株式等に係る譲渡所得等」として，申告分離課税（20.315%（住民税5%を含む））の対象とされる（割引の方法で発行される特定の公社債で一定のものを除く）。

同様に，一般株式等に係る譲渡損失の金額は，原則として上場株式等に係る譲渡所得等の金額から控除することはできない。また，他の所得とも損益通算することはできない。

$$
\begin{aligned}
\text{譲渡所得の金額} \\
= \begin{array}{l} \text{総収入金額} \\ \text{(譲渡価額)} \end{array} - \begin{bmatrix} \begin{array}{l} \text{取得費} \\ \text{(取得価額)} \end{array} + \begin{array}{l} \text{株式等を取得} \\ \text{するために要} \\ \text{した負債利子} \end{array} + \begin{array}{l} \text{株式等の譲渡} \\ \text{のために要し} \\ \text{た委託手数料} \end{array} \end{bmatrix}
\end{aligned}
$$

▶ 2．取得費（取得価額）

株式等の譲渡所得金額を算出する際の取得費は，株式等を取得したときに支払った払込代金や購入代金であるが，購入手数料や購入時の名義書換料などその株式等を取得するために要した費用も含まれる。

取得費の計算方法は，株式等の取得形態により，主に次のとおりとされている。

区分	取得費（取得価額）
①購入した株式等（③に該当するものを除く）	購入対価（取得に要した費用を含む）
②金銭の払込みにより取得した株式等（③に該当するものを除く）	実際に払い込んだ金銭の額
③有利な払込金額により株式を取得する権利（ストック・オプションを除く）の行使により取得した株式等	有利な払込金額により株式を取得する権利に係る払込期日または給付期日における価額
④相続や贈与または遺贈により取得した株式等	被相続人または贈与をした人（以下，被相続人等）の取得価額をそのまま引き継ぐ

（注）　取得の時期や価額に関する資料が不備で取得価額がわからない場合，上場株式等と一般株式等のいずれも，売却代金の5%相当額を取得費として計算することも認められている。

▶ 3．税率

株式等の譲渡所得に対する税率は，以下のとおりである。

区分	税率
上場株式等に係る譲渡所得等	20.315%
一般株式等に係る譲渡所得等	（所得税等 15.315％＋住民税 5％）

（注）　所得税等には復興特別所得税（基準所得税額×2.1%）を含む。

3　上場株式等の譲渡所得に関する特例

　上場株式等（公募証券投資信託等を含む）については，株式等の譲渡所得に関し様々な特例が設けられている。（NISA制度については「7　NISA制度」参照）

▶ 1．特定口座制度

　金融商品取引業者等に特定口座を開設した場合，その特定口座内における上場株式等の譲渡による譲渡所得等の金額については，その計算を金融商品取引業者等が行うことで，簡便に申告を行うことができる。

　特定口座には「源泉徴収あり」と「源泉徴収なし」の2種類があり，「源泉徴収口座」を選択した場合，特定口座内で生じる所得に対しては金融商品取引業者等により所得税が源泉徴収され，原則として確定申告は不要となる。

　ただし，他の口座での譲渡損益と通算する場合や，上場株式等に係る譲渡損失を繰越控除する特例（▶ 3．参照）の適用を受ける場合には，確定申告をする必要がある。

▶ 2．上場株式等に係る譲渡損失と上場株式等に係る配当所得等との損益通算

　上場株式等を金融商品取引業者等を通じて譲渡したこと等により生じた譲渡損失がある場合は，確定申告により，その年分の上場株式等の配当所得等の金額（利子所得および配当所得（申告分

離課税を選択したものに限る））と損益通算ができる。

▶ 3．上場株式等に係る譲渡損失の繰越控除

　上記▶ 2．において損益通算しきれなかった譲渡損失については，翌年以後3年間にわたり，確定申告により，上場株式等に係る譲渡所得等の金額および上場株式等に係る配当所得等の金額から繰越控除することができる。

　　（注）　上場株式等に係る譲渡損失の金額は，一般株式等に係る譲渡所得等の金額と相殺することはできない。

7 | NISA制度

NISAは，上場株式から生ずる配当や譲渡益に対し，個人投資家への優遇措置として，平成26年に創設された少額投資非課税制度である。そして，「貯蓄から投資へ」の流れを加速する観点から，令和6年1月以降，新しいNISAとして，抜本的拡充および恒久化が図られた。

新しいNISA（新・NISA）では，「成長投資枠」（従来の一般NISAに相当）と「つみたて投資枠」（従来のつみたてNISAに相当）とが設けられていて，両者の併用が可能となり，年間投資枠が拡大されるとともに，非課税保有期間が無制限とされている。ただし，非課税保有限度額は1,800万円までであり，うち成長投資枠は1,200万円，枠の再利用が可能となっている。

なお，従来の「一般NISA」，「つみたてNISA」，「ジュニアNISA」は，投資した非課税期間終了後に「新・NISA」の口座に移管でき

関連過去問題
- 2024年3月 問4
- 2023年3月 問4
- 2022年10月 問2,問3
- 2022年3月 問3

📖 **重要用語**
NISA（少額投資非課税制度）
成長投資枠
つみたて投資枠

第1編

	成長投資枠	つみたて投資枠
対象者	18歳以上の居住者等 （口座開設の年の1月1日現在）	
非課税投資枠（年間）	240万円	120万円
	併用可（最大360万円）	
非課税保有期間	無制限	無制限
非課税保有限度額（総枠）	1,800万円（簿価残高方式で管理（枠の再利用可能））	
	（うち1,200万円）	
投資対象商品	上場株式・公募株式投資信託・ETF（上場投資信託）・REITなど（高レバレッジ型および毎月分配型の投資信託等を除外）	長期の積立・分散投資に適した一定の投資信託
口座開設期間	恒久化	恒久化

ず，原則として特定口座に移管される。

8 | 不動産所得

1 不動産所得の範囲

関連過去問題
✎ 2024年3月
　問6,問7,問8
✎ 2023年10月
　問6,問7,問8
✎ 2023年3月
　問6,問7,問8
✎ 2022年10月
　問6,問7,問8
✎ 2022年3月
　問6,問7,問8

　不動産所得とは，次の３つの貸付けによる所得[注]をいう（所26条１項）。

① 土地や建物などの不動産の貸付け

② 地上権など不動産の上に存する権利の設定および貸付け

③ 船舶や航空機の貸付け

　（注）　事業所得または譲渡所得に該当するものを除く。

重要用語

不動産所得

2 不動産所得の金額

　不動産所得の金額は，次のように計算する（所26条2項）。

| 不動産所得の金額 |＝総収入金額−必要経費−（青色申告特別控除） |

▶ 1．総収入金額

　不動産所得の総収入金額は，その年において収入すべき金額であり，以下のものをいう（所36条1項）。

① 賃貸料収入

② 名義書換料，承諾料，更新料，頭金など

③ 敷金や保証金などのうち，返還を要しないもの

④ 共益費などの名目で受け取る電気代，水道代や掃除代など

⚠ 注 意

敷金や保証金などのうち，返還を要する金額は預り金であるため，総収入金額に算入されない。

▶ 2．収入計上時期

項目	契約内容等	収入計上時期
地代・家賃，共益費など	契約や慣習などにより支払日が定められている場合	定められた支払日
	支払日が定められていない場合	実際に支払いを受けた日（請求があったときに支払うべきものと定められているものは，その請求の日）
一時に受け取る権利金，礼金，名義書換料，頭金など	貸付資産の引渡しを要するもの	引渡しのあった日
	引渡しを要しないもの	契約の効力発生の日

（注） 敷金や保証金などのうち返還を要しないものは，返還を要しないことが確定した日にその金額を収入に計上する。

▶ 3．必要経費

不動産所得の金額の計算上必要経費に算入すべき金額は，次のものである（所37条1項）。

① 売上原価その他総収入金額を得るため直接に要した費用の額

② 販売費，一般管理費その他これらの所得を生ずべき業務について生じた費用（償却費以外の費用でその年において債務の確定しないものを除く）

具体的には，賃貸した不動産等の固定資産税，損害保険料，減価償却費，修繕費，管理費，借入金利子等がある。

▶ 4．必要経費の特例

必要経費の範囲については，以下のような特例が定められている（詳細は「22 必要経費」参照）

① 家事関連費等の必要経費不算入等（所45条1項）

家事上の費用は必要経費とならない。ただし，家事関連費のうち，取引の記録などに基づいて，業務遂行上，直接必要であったことが明らかに区分できる場合のその区分できる金

額は，必要経費となる。

② 資産損失の必要経費算入（所51条1項）

　業務用資産の取壊し，除却，滅失等による損失の金額は，一定の場合を除き必要経費となる。

③ 生計を一にする配偶者その他の親族に支払う対価の特例（所56条）

　居住者と生計を一にする配偶者その他の親族が対価（給料，借入金利子，地代など）の支払いを受ける場合，その対価に相当する金額は，原則として，必要経費に算入しない。

　ただし，生計を一にしている配偶者その他の親族が事業に従事している場合，これらの者に支払う給与については，次のような取扱いが認められている。

《青色事業専従者給与》

　青色事業専従者に支払われた給与の額は，一定の要件の下に必要経費とされる（「3　青色申告」参照）。

《事業専従者控除》

　白色申告者の営む事業に事業専従者がいる場合に，一定の要件の下に事業主の配偶者であれば86万円，配偶者でなければ専従者一人につき50万円が，必要経費とみなされる。

▶ 5．青色申告特別控除

　青色申告者は，不動産所得または事業所得の金額から55万円（一定の要件を満たす場合は65万円）または10万円を控除することができ，これを青色申告特別控除という。

① 55万円の青色申告特別控除

　ⓐ 不動産所得または事業所得を生ずべき事業を営んでいること^(注)

　ⓑ 正規の簿記の原則により記帳していること

　ⓒ 貸借対照表および損益計算書を確定申告書に添付し，そ

重要用語

青色申告特別控除

の年の確定申告期限までに当該申告書を提出すること

（注）　不動産所得の金額，事業所得の金額の順に控除する。

②　65万円の青色申告特別控除

上記「55万円の青色申告特別控除」の要件に該当しており，かつ次のいずれかに該当する場合，65万円の控除を受けることができる。

ⓐ　仕訳帳および総勘定元帳について，優良な電子帳簿の要件を満たして電子データによる備付け・保存等を行っていること

ⓑ　所得税の確定申告書，貸借対照表および損益計算書等の提出を，申告期限までにe-Tax（国税電子申告・納税システム）を使用して行うこと

③　10万円の青色申告特別控除

青色申告者のうち，ⓐ「55万円の青色申告特別控除」およびⓑ「65万円の青色申告特別控除」の要件に該当しない者が受けることができる。

3　事業としての不動産貸付けとそれ以外との区分

不動産所得は，その不動産の貸付けが事業的規模で行われているかどうかによって，課税上の取扱いが異なっている（所51条，57条，64条，措法25条の2等）。

▶ 1. 事業として行われているかどうかの判定

不動産の貸付けが事業として行われているかどうかについては，社会通念上事業と称するに至る程度の規模で行われているかどうかによって，実質的に判断される。

ただし，建物の貸付けについては，次のいずれかの基準に当てはまれば，原則として事業として行われているものとする（所基通26-9）。

① 貸間，アパート等については，独立した室数がおおむね10室以上であること

② 独立家屋の貸付けについては，おおむね5棟以上であること

▶ 2．事業として行われている場合とそれ以外との主な相違点

項目	事業的規模の場合	それ以外の場合
業務用資産の取壊し，除却，滅失等による損失(注)	全額を必要経費に算入	資産損失を差し引く前の不動産所得の金額を限度として必要経費に算入
賃貸料等の回収不能による貸倒損失	必要経費に算入	収入に計上した年分までさかのぼり，その回収不能に対応する所得がなかったものとされる
青色事業専従者給与または白色事業専従者控除	適用あり	適用なし
青色申告特別控除	一定要件を満たす場合，最高55万円（優良電子帳簿保存またはe-Taxによる電子申告を行っている場合は，65万円）	最高10万円

(注)　災害等による損失の場合，損失額は災害直前の帳簿価額等にもとづいて計算され，保険金で補てんされた金額がある場合には，損失額からその補てん金額を控除する。

4　不動産所得と事業所得等との区分

① 土地，建物等の貸付けが事業的規模で行われていても事業所得ではなく，不動産所得となる（所令63条カッコ書）。

② 不動産の貸付けによる所得は，例えば次のように，人的役務の提供が主になるものや事業に付随して行われるものについては，事業所得または雑所得に区分される。

ⓐ　アパート，下宿等の所得の区分（所基通26-4）

・アパート，貸間等のように食事を供さない場合⇒不動産所得

補足

事業的規模でない場合の災害損失については，必要経費に算入するか，または雑損控除の対象とするかのいずれか有利な方を選択できる。

補足

青色申告者の場合，損益通算をしても控除しきれない損失額（純損失）については，一定の要件のもと，翌年以後3年間の繰越控除が認められている（「17損失の繰越控除」参照）。

・下宿等のように食事を供する場合 ⇒ 事業所得または雑
所得
ⓑ 有料駐車場等の所得（所基通27-2）
・自己の責任において他人の物を保管する場合 ⇒ 事業所
得または雑所得
・それ以外の場合（月極駐車場等）⇒ 不動産所得
ⓒ 総トン数20トン未満の船舶等の貸付けによる所得は，事
業所得または雑所得（所基通26-1）
ⓓ 広告等のため，土地，家屋の屋上または側面，塀等を使
用させる場合の所得は，不動産所得（所基通26-5）
ⓔ 事業所得を生ずべき事業を営む者が，従業員に寄宿舎等
を利用させることにより受ける使用料に係る所得は，事業
所得（所基通26-8）
ⓕ 事業の遂行上取引先または使用人に対して貸し付けた貸
付金の利子は，事業所得（所基通27-5）
ⓖ 浴場業，飲食業等における広告の掲示による収入は，事
業所得（同上）
③ 貸地を売却したことによる売却収入は，譲渡所得に該当す
る。また，借地権の設定による収入で土地の価額（時価）の
10分の5を超えるものは，譲渡所得に該当する。

不動産所得と事業所得の区分は重要。雑所得に区分されるものもあるので注意。
不動産所得と譲渡所得の区分についても要チェック！

9 | 事業所得

1 事業所得の範囲

　事業所得とは，農業，漁業，製造業，卸売業，小売業，サービス業その他の事業で対価を得て継続的に行う事業から生ずる所得をいう（所27条，所令63条）。

　ただし，以下の所得は原則として事業所得とはならない。

① 不動産，不動産の上に存する権利，船舶または航空機の貸付け（所26条）⇒不動産所得

② 山林（保有期間5年超）の伐採または譲渡による所得（所32条）⇒山林所得

③ 事業用固定資産の譲渡（所27条）⇒譲渡所得

④ 事業用資金の金融機関等への預金利子⇒利子所得

　なお，従業員宿舎の使用料収入や，事業の遂行上取引先または使用人に対して貸し付けた貸付金の利子，浴場業・飲食業等における広告の掲示による収入など，事業の遂行に付随する収入は事業所得となる。

2 事業所得の金額

　事業所得の金額は，次のように計算する（所27条2項）。

事業所得の金額	＝総収入金額－必要経費－（青色申告特別控除）

関連過去問題
✎ 2024年3月
　問13
✎ 2023年10月
　問13
✎ 2023年3月
　問13
✎ 2022年10月
　問13

📖 重要用語
事業所得

第1編

▶ 1. 総収入金額

総収入金額は，その年において収入すべき事業から生ずるすべての収入金額をいう（所36条1項）。

これには，売上高のほか，以下のものが含まれる。

① 金銭以外の物や権利その他の経済的利益の価額

② 商品を自家用に消費した場合や贈与した場合のその商品の価額

③ 商品などの棚卸資産について損失を受けたことにより支払いを受ける保険金や損害賠償金等

④ 空箱や作業くずなどの売却代金

⑤ 仕入割引やリベート収入

⑥ 従業員に対して社宅や寮を貸し付けたことによる賃料

⑦ 不動産業者が販売目的で取得した不動産を一時的に貸し付けた場合の賃料

▶ 2. 収入計上時期（所基通36-8）

項目	収入計上時期
棚卸資産の販売	引渡しがあった日
試用販売	相手方が購入の意思を表示した日
委託販売	［原則］受託者がその委託品を販売した日 ［例外］売上計算書の到達の日（一定の要件を満たす場合）
請負契約	［物の引渡しを要するもの］引き渡した日 ［物の引渡しを要しないもの］役務の提供を完了した日

▶ 3. 必要経費

事業所得の金額の計算上必要経費に算入すべき金額は，次のものである（所37条1項）。

① 売上原価その他総収入金額を得るため直接に要した費用の額

② 販売費および一般管理費，その他事業について生じた費用（償却費以外の費用でその年において債務の確定しないものを

除く）

▶ 4．必要経費の特例

必要経費の範囲については，以下のような特例が定められている（詳細は「22　必要経費」参照）

①　家事関連費等の必要経費不算入等（所45条1項）

②　資産損失の必要経費算入（所51条1項）

③　生計を一にする配偶者その他の親族に支払う対価の特例（所56条）

▶ 5．青色申告特別控除

青色申告者は，不動産所得または事業所得の金額から55万円（一定の要件を満たす場合は65万円）または10万円を控除することができ，これを青色申告特別控除という。（詳細は「8　不動産所得」参照）

事業所得の金額の求め方は必ず覚えておこう！

10 | 給与所得

関連過去問題
2023年10月
問15

重要用語

給与所得

1 給与所得の範囲

給与所得とは，俸給，給料，賃金，歳費および賞与ならびにこれらの性質を有する給与（「給与等」という）に係る所得をいう（所28条1項）。

なお，事業に係る不動産所得の金額，事業所得の金額または山林所得の金額の計算上必要経費に算入した青色事業専従者給与の額および事業専従者控除の額は，その青色事業専従者および事業専従者の給与所得に係る収入金額とされ課税される（所57条1項・4項）。

2 給与所得の金額

給与所得の金額は，次のように計算する（所28条2項）。

$$\boxed{\text{給与所得の金額}}＝収入金額（源泉徴収前の金額）－給与所得控除額$$

▶ 1．収入金額

給与所得の収入金額は，その年において収入すべき金額であり，金銭で支給されるもののほか，金銭以外の物または権利その他の経済的利益も含まれる（所36条1項）。

▶ 2．給与所得控除

給与所得控除額は，給与等の収入金額に応じて，次のように計算する（所28条3項）。

重要用語

給与所得控除額

● 図表1-10-1　給与所得控除額の計算

給与等の収入金額	給与所得控除額（令和2年分以降）
1,625,000 円まで	550,000 円
1,625,001 円～ 1,800,000 円	収入金額× 40% －100,000 円
1,800,001 円～ 3,600,000 円	収入金額× 30% +80,000 円
3,600,001 円～ 6,600,000 円	収入金額× 20% +440,000 円
6,600,001 円～ 8,500,000 円	収入金額× 10% +1,100,000 円
8,500,001 円以上	1,950,000 円（上限）

（注）　給与等の収入金額が 660 万円未満の場合には, 上記の表にかかわらず, 所得税法別表第五（年末調整等のための給与所得控除後の給与等の金額の表）により給与所得の金額を求めることとされている（所 28 条 4 項）。

▶ 3．特定支出控除の特例

　給与所得者については, 給与所得控除とは別に, 特定支出控除が認められている。

　特定支出控除は, 給与所得者のその年中の特定支出の額の合計額が「特定支出控除額の適用判定の基準となる金額」を超える場合に, 確定申告によりその超える部分の金額を（給与所得控除後の所得金額から）さらに差し引くことができる特例である。

重要用語
特定支出控除

3　非課税所得

①　給与所得者に支給される転勤や出張のための旅費のうち通常必要と認められるもの, 通勤手当のうち一定の限度額以内のもの, 職務の遂行上必要な制服などの現物給与（所9条1項四～六, 所令20～21）

②　国外勤務者の一定の在外手当（所9条1項七, 所令22）

③　特定の取締役等が受ける新株予約権等の行使による株式の取得に係る経済的利益（いわゆる「税制適格ストック・オプション」）（措法29条の2）

④　金銭以外の物または権利その他の経済的利益（「現物給与」という）のうち, 職務の性質上欠くことのできないもので主

重要用語
現物給与

として使用者側の業務遂行上の必要から支給されるもの，換金性に欠けるものなどの性質により，非課税とされる一定のもの

4 源泉徴収と年末調整

　給与の支払者（会社など）は，給与や賞与の支払いの都度，支払金額から源泉徴収税額を差し引いて払っており，当該源泉徴収税額は本人に代わって国に納付している。そして年末には，源泉徴収された税額の年間の合計額と，その年における給与の総額に対する年税額との過不足を精算している。

　これを年末調整といい，給与所得者の多くは年末調整によって納税関係が終了し，確定申告を要しない。

📖 重要用語
年末調整

11 | 退職所得

1 退職所得の範囲

退職所得とは，退職手当，一時恩給その他の退職により一時に受ける給与およびこれらの性質を有する給与（「退職手当等」という）に係る所得をいう（所30条1項）。

また，次に掲げる一時金は，退職手当等とみなされる（所31条）。

① 国民年金法，厚生年金保険法，国家公務員共済組合法などの規定に基づく一時金

② 確定給付企業年金法の規定に基づく一時金で加入者の退職により支払われるもの（自己負担分を控除した金額）など

2 退職所得の金額

退職所得の金額は，次のように計算する（所27条2項）。

$$\boxed{退職所得の金額} = (収入金額^{(注)} - 退職所得控除額) \times \frac{1}{2}$$

（注） 源泉徴収される前の金額

▶ 1. 退職所得控除額

退職所得控除額は，勤続年数に応じて，図表1-11-1のように計算する（所30条3項）。

関連過去問題
- 2024年3月 問5,問14
- 2023年10月 問4,問14
- 2022年10月 問5,問14
- 2022年3月 問14

重要用語
退職所得
退職手当等

補足
引き続き勤務する人に支払われるものでも，例えば，使用人から役員になった人に対し，使用人であった勤続期間に対する退職手当等として支払われるものや，相当の理由により従来の退職給与規程を改正した場合に，使用人に対し制定前または改正前の勤続期間に係る退職手当等として支払われるものなどは，退職手当等とされる。

●図表1-11-1　退職所得控除額の計算

勤続年数	退職所得控除額	
20年以下	40万円×勤続年数（80万円に満たない場合には，80万円）	
20年超	800万円＋70万円×(勤続年数－20年)	

（注）　勤続年数の計算に1年未満の端数があるときは，1年とする。

▶ 2．2分の1計算が適用されない場合

　以下に該当する場合，退職所得の金額の計算において，「2分の1」を乗ずる計算が適用されない。

　　①　退職手当等が「特定役員退職手当等」^(注1)に該当する場合

　　②　退職手当等が「短期退職手当等」^(注2)に該当する場合（退職金の額から退職所得控除額を差し引いた額のうち300万円を超える部分）

　　（注1）　役員等として勤続年数が5年以下である者が支払いを受ける退職手当等のうち，その役員等勤続年数に対応する退職手当等として支払いを受けるものをいう。

　　（注2）　短期勤続年数（役員等以外の者として勤務した勤続年数が5年以下であるもの）に対応する退職手当等として支払いを受けるもので，特定役員退職手当等に該当しないもの。

3　退職所得の課税方法

　退職所得は，原則として他の所得と分離して所得税額を計算する（所22条）。

　退職手当等の支払者は，その支払いの際，その退職手当等について所得税を源泉徴収しなければならない（所199条）。

▶ 1．「退職所得の受給に関する申告書」が提出されている場合

　　| 源泉徴収税額 | ＝退職所得の金額×総合課税の税率

$$\boxed{\text{源泉徴収税額}} = \text{退職手当等の収入金額} \times 20.42\% ^{\text{(注)}}$$

（注）　復興特別所得税額を含む。

　この場合，退職手当等の受給者本人が確定申告を行うことにより，所得税額および復興特別所得税額の精算をすることができる。

4　iDeCo

　iDeCo（個人型確定拠出年金）とは，確定拠出年金法に基づいて実施されている私的年金の制度である。

　公的年金（国民年金・厚生年金）と異なり加入は任意で，個人が掛金を拠出し，提示された商品の中から自身の責任で掛金の運用を行い，掛金とその運用益との合計額をもとに給付を受け取ることができるものである。

　掛金は65歳になるまで拠出可能であるが，年金制度であることから，60歳以上となるまでは，原則として解約・換金することはできない。一方で，iDeCoでは①掛金の拠出時，②運用時，③受給時のそれぞれにおいて税制上のメリットが与えられている。

● 図表1-11-2　iDeCoの税制上のポイント

①拠出時	拠出した掛金は全額所得控除の対象（小規模企業共済等掛金控除）
②運用時	運用益は非課税で再投資される
③給付時 ^(注)	一時金で受給する場合 ：退職所得として「退職所得控除」を適用 年金で受給する場合 ：雑所得として「公的年金等控除」を適用

（注）　iDeCoの加入者が死亡した場合，遺族が死亡一時金を受け取ることができる。この場合，死亡後3年以内に支給が確定した場合は，みなし相続財産として相続税の課税対象となる（所得税は課税されない）。

重要用語
iDeCo

第1編

退職所得の性質上，他の所得と比較して税負担の面から優遇されているという点を意識すると整理がしやすい。たとえば，勤続年数の端数も税負担を優遇するのであるから，切り上げるといった具合に整理できる。

理解度チェック

❶ 退職所得は，他の所得と分離して課税される。

❷ 退職所得控除額を計算する際の勤続年数の1年未満の端数は，1年とする。

❸ 退職所得の金額は，退職手当等の収入金額から退職所得控除額を控除した金額である。

解答 ❶ ○
　　　 ❷ ○
　　　 ❸ × 　原則として，退職手当等の収入金額から退職所得控除額を控除した残額に2分の1を乗じた額である。

12 譲渡所得

1 譲渡所得の範囲

　資産の譲渡による所得は，原則として譲渡所得に該当し，総合課税または分離課税の対象とされる（所33条1項）。

　資産には，土地，借地権，建物，株式等，特定の公社債，金地金，宝石，書画・骨とう，船舶，機械器具，ゴルフ会員権，特許権などが含まれる。

　ただし，次の譲渡による所得は譲渡所得ではなく，他の所得として課税される（所33条2項，所令81条）。

項目	所得の区分
棚卸資産の譲渡	事業所得
不動産所得や山林所得，雑所得を生ずる業務を行っている者がその業務に関して棚卸資産に準ずる資産を譲渡した場合	雑所得
使用可能期間1年未満の減価償却資産，取得価額10万円未満の減価償却資産（少額重要資産を除く），取得価額20万円未満の減価償却資産で，一括償却資産の必要経費算入の規定の適用を受けたもの（同）を譲渡した場合	事業所得または雑所得
山林の伐採・譲渡	山林所得（取得から5年以内の譲渡の場合は，事業所得または雑所得）
借地権の設定の対価として受領した権利金などの一時金（その土地の価額（時価）の2分の1相当額以下のもの）	不動産所得（権利金などの額が相当多額であるときなど一定の場合は譲渡所得）
金銭債権の譲渡	事業所得または雑所得
上記以外で，営利を目的とした継続的な譲渡	事業所得または雑所得

関連過去問題
2024年3月
問9,問10,問11
2023年10月
問9,問10,問12
2023年3月
問9,問10
2022年10月
問9,問10,問12
2022年3月
問9,問10,問11

重要用語
譲渡所得

補足
貸付金や売掛金などの金銭債権は，譲渡所得の対象となる資産からは除かれる。

第1編

2　譲渡所得の課税方法

　譲渡所得は，譲渡資産の種類によって，分離課税の対象になるものと，総合課税の対象になるものとに区分して課税される。

● 図表1-12-1　譲渡資産の種類別の課税方法

譲渡資産の種類		課税方法
土地（借地権等を含む）および建物等		分離課税（土地建物等）
株式等	ゴルフ会員権	総合課税
	上記以外	分離課税（株式等）
その他の資産		総合課税

《金地金の譲渡》

　金地金を売ったときの所得は，原則として，譲渡所得として総合課税の対象となる。

　ただし，金投資口座や金貯蓄口座などからの利益は金融類似商品の収益として一律20.315%（所得税および復興特別所得税15.315%，住民税5%）の税率による源泉分離課税の対象となり，源泉徴収だけで課税が終了する。

3　総合課税される譲渡所得の金額

　総合課税の譲渡所得の金額は，次のように計算する（所33条3項・4項）。

> 譲渡所得の金額 ＝総収入金額－（取得費＋譲渡費用）
> －特別控除額（50万円）

▶ 1. 短期譲渡と長期譲渡

　総合課税の譲渡所得は，取得から譲渡までの所有期間によって長期と短期の2つに分けられる。長期譲渡所得となるのは，所有

📖 重要用語
長期譲渡所得

期間が5年を超えている場合で，短期譲渡所得となるのは，所有期間が5年以内の場合をいう。

　総合課税の譲渡所得の金額のうち，短期譲渡所得の金額は全額が総合課税の対象となるが，長期譲渡所得の金額はその2分の1が総合課税の対象となる。

▶ **2．取得費**

　取得費とは，一般に購入代金のことをいい，購入手数料や引取運賃なども含まれる。

▶ **3．特別控除額**

　譲渡所得の金額は，短期譲渡所得と長期譲渡所得について，それぞれの総収入金額から取得費および譲渡費用の合計額を控除し，その残額の合計額（譲渡益）から特別控除額（最高50万円）を控除して計算する。その年に短期と長期の譲渡益があるときは，先に短期の譲渡益から特別控除の50万円を差し引く。

▶ **4．譲渡所得の金額の通算**

　譲渡所得の金額の計算において損失が生じた場合，短期譲渡所得と長期譲渡所得との間で通算することはできるが，総合課税される譲渡所得の金額と分離課税される譲渡所得の金額との間では通算することはできない。

4　非課税となる譲渡所得

　資産の譲渡による所得のうち，次の所得などについては非課税とされる。

① 生活用動産の譲渡による所得
② 資力喪失で債務の弁済が著しく困難な場合の競売などによる所得
③ 国や地方公共団体などに対して財産を寄附した場合の所得
④ 財産を相続税の物納に充てた場合の所得

重要用語
短期譲渡所得

補足
すなわち，長期譲渡所得の金額は，その2分の1相当額が総所得金額の計算において他の所得と合算される。

第1編

重要用語
特別控除額

補足
生活用動産とは，家具，じゅう器，通勤用の自動車，衣服などの生活に通常必要な動産。ただし，貴金属や宝石，書画，骨とうなどで，1個または1組の価額が30万円を超えるものを除く。

⑤　非課税口座内の少額上場株式等に係る譲渡（新NISA制度）

理解度チェック

❶ 金地金を売ったときの所得は，原則として譲渡所得として課税される。

❷ 譲渡所得は，譲渡する資産の種類に応じて，総合課税，分離課税の取扱いとなる。

❸ 保有期間10年超の山林等の譲渡による所得は譲渡所得として課税される。

解答　❶ ○
　　　❷ ○
　　　❸ ×　山林所得として課税される。

13 | 土地・建物等の譲渡所得

1 概要

　土地（借地権など土地の上に存する権利を含む）や建物等（以下「土地建物等」という）の譲渡による譲渡所得の金額は，他の譲渡所得の金額（「12　譲渡所得」参照）とは区分して税金を計算する分離課税となっている。

2 所得の計算方法

　土地建物等を譲渡したときの譲渡所得の金額は，次のように計算する（所33条）。

> | 譲渡所得の金額 |＝収入金額－（取得費＋譲渡費用）|
>
> | 課税譲渡所得金額 |＝譲渡所得の金額－特別控除額|

▶ 1．取得費

　取得費には，譲渡した土地や建物の購入代金，建築代金，購入手数料のほか設備費や改良費なども含まれる。

　なお，建物の取得費は，購入代金（建築代金）などの合計額から所有期間中の減価償却費相当額を差し引いた金額となる。

《取得費がわからないとき》

　譲渡した土地建物等の買い入れた時期が古いなど，取得費がわからない場合には，売った金額の5％相当額を取得費（概算取得

関連過去問題
- 2024年3月 問11
- 2023年10月 問9,問11
- 2023年3月 問9,問11
- 2022年10月 問11,問12
- 2022年3月 問11

第1編

🔲重要用語
概算取得費

費）とすることができる。

《相続や贈与によって取得した資産》

　相続や贈与によって取得した土地建物等を譲渡した場合の取得費は，被相続人や贈与者がその資産を買い入れたときの購入代金や購入手数料などを基に計算する。

　また，相続開始日の翌日から相続税の申告期限の翌日以後3年を経過する日までに相続財産を譲渡した場合には，譲渡資産に対応する相続税額を取得費に加算することができる。

▶ 2．譲渡費用

　売却するために直接かかった費用をいい，修繕費や固定資産税などその資産の維持や管理のためにかかった費用，譲渡した資産の取得にかかった借入金の利子などは譲渡費用にはならない。

▶ 3．特別控除額

　土地建物等を譲渡したとき，一定の要件を満たす場合，課税譲渡所得の金額の計算にあたって「特別控除額」を差し引くことができる。

● 図表1-13-1　特別控除額の例

土地建物等の譲渡	特別控除額
収用等により土地建物を譲渡した場合	5,000万円
居住用財産を譲渡した場合 (注)	3,000万円
特定土地区画整理事業等のために土地等を譲渡した場合	2,000万円
特定住宅地造成事業等のために土地等を譲渡した場合	1,500万円
低未利用土地等を譲渡した場合	100万円

（注）　所有期間の長短に関係なく適用できる。

3　税額の計算方法

　土地建物等の譲渡による所得は，他の所得と合計せず，分離して計算する分離課税制度が採用されているが，その所得は，所有期間によって長期譲渡所得と短期譲渡所得の2つに区分し，税額

の計算も別々に行うこととされている（所33条3項，措法31条・32条）。

▶ 1．長期譲渡所得と短期譲渡所得の区分

① 長期譲渡所得…譲渡した年の1月1日において所有期間が5年を超えるもの

② 短期譲渡所得…譲渡した年の1月1日において所有期間が5年以下のもの

▶ 2．譲渡所得の税額計算

　土地建物等の譲渡所得に対する所得税額は，課税譲渡所得金額（**2**参照）に対し，長期譲渡所得および短期譲渡所得のそれぞれに応じた以下の税率を乗じて算出する。

●図表1-13-2　土地建物等を譲渡したときの税率

区分	税率
長期譲渡所得	15%（＋復興特別所得税 0.315%）
短期譲渡所得	30%（＋復興特別所得税 0.63%）

（注）　上記に加え，住民税5%（長期譲渡所得の場合）または9%（短期譲渡所得の場合）が課される。

《相続や贈与によって取得した資産》

　相続や贈与によって取得したときは，被相続人や贈与者の取得の時期がそのまま取得した相続人や受贈者に引き継がれる。

4　居住用財産を譲渡した場合の特例

▶ 1．3,000万円特別控除

　譲渡資産が自己の居住用財産である場合には，短期譲渡所得・長期譲渡所得にかかわらず一定の要件のもとで，譲渡所得の金額から最高3,000万円の特別控除額を控除することができる（措法35条）。

《特例の適用を受けるための要件（主なもの）》

① 自己が住んでいる家屋，または家屋とともにその敷地等の

重要用語
3,000万円特別控除

譲渡。なお，以前に住んでいた家屋や敷地等の場合には，住まなくなった日から3年経過日の属する年の12月31日までの譲渡（家屋を取壊した場合には一定の場合に限る）

② 譲渡の年の前年および前々年にこの特例などの適用を受けていないこと

③ 譲渡の年，その前年および前々年に居住用財産の買換え等の特例の適用を受けていないこと

④ 親族等に対する譲渡でないこと

重要用語
軽減税率

▶ 2．軽減税率の特例の適用

譲渡資産が自己の居住用財産で，譲渡の年の1月1日において所有期間が10年を超えるときは，一定の要件のもとで，課税長期譲渡所得の金額のうち6,000万円以下の部分について，所得税率10％の軽減税率が適用される（措法31条の3）。

●図表1-13-3　所有期間10年超の居住用財産を譲渡したときの軽減税率

課税長期譲渡所得金額	税率
(a)　6,000万円以下の部分	10％（＋復興特別所得税 0.21％）
(b)　6,000万円超の部分	15％（＋復興特別所得税 0.315％）

（注）　上記に加え，住民税 4％（(a) の部分）または 5％（(b) の部分）が課される。

なお，居住用財産を譲渡した場合の3,000万円の特別控除の特例と軽減税率の特例は，併用して受けることができる。

▶ 3．居住用財産の買換え等の場合の譲渡損失の損益通算および繰越控除

自己の居住用財産を令和7年12月31日までに譲渡して，新たに居住用財産を取得した場合で，居住用財産の譲渡による損失（譲渡損失）が生じたときは，買換資産について住宅借入金を有することなどの一定の要件のもと，その譲渡損失を他の所得（給与所得や事業所得など）から控除（損益通算）することができる。

さらに，損益通算を行っても控除しきれなかった譲渡損失は，

譲渡の年の翌年以後3年間繰り越して控除（繰越控除）すること
ができる（措法41条の5）。

《主な要件》

① 自己が住んでいる居住用不動産の譲渡であること。なお，
以前に住んでいた居住用不動産の場合には，住まなくなった
日から3年を経過する日の属する年の12月31日までに譲渡す
ること（家屋を取壊した場合には一定の場合に限る）

② 譲渡の年の1月1日における所有期間が5年超の資産の譲渡
であること

③ 親族等に対しての譲渡でないこと

④ 譲渡の年の前年の1月1日から売却の年の翌年12月31日ま
での間に買換資産（家屋の床面積が50平方メートル以上）を
取得し，取得した年の翌年12月31日までの間に居住の用に
供することまたは供する見込みであること

⑤ 買換資産を取得した年の12月31日において買換資産につ
いて償還期間10年以上の住宅借入金を有すること

▶ 4．特定居住用財産の譲渡損失の損益通算および繰越控除

令和7年12月31日までに，住宅借入金等のある居住用財産を，
住宅借入金残高を下回る価額で譲渡して損失（譲渡損失）が生じ
たときは，一定の要件を満たすものに限り，その譲渡損失をその
年の他の所得から控除（損益通算）することができる。

さらに，損益通算を行っても控除しきれなかった譲渡損失は，
譲渡の年の翌年以後3年間繰り越して控除（繰越控除）すること
ができる（措法41条の5の2）。

《損益通算の限度額》

居住用財産の売買契約日の前日における住宅借入金の残高から
売却価額を差し引いた残りの金額が，損益通算の限度額となる。

《主な要件》

補足

新たな住宅の取
得の有無は問わ
ない。

第1編

① 自己が住んでいる居住用財産の譲渡であること。なお，以前に住んでいた居住用財産の場合には，住まなくなった日から3年を経過する日の属する年の12月31日までに譲渡すること（家屋を取り壊した場合は，一定の場合に限る）

② 譲渡の年の1月1日における所有期間が5年超の居住用財産の譲渡であること

③ 親族等に対しての譲渡でないこと

④ 譲渡した居住用財産の売買契約日の前日において，償還期間10年以上の住宅借入金の残高があること

▶ 5．特定の居住用財産の買換えの特例

　特定の居住用財産を令和7年12月31日までに譲渡し，代わりの居住用財産を取得したときは，一定の要件のもと，譲渡益に対する課税を将来に繰り延べることができる（措法36条の2）。

　なお，譲渡価額よりも買換えにより取得した財産の取得価額が少ないときは，その差額を収入金額として譲渡所得の金額の計算を行う。

　　（注） この特例の適用を受ける場合には，3,000万円特別控除の特例（被相続人の居住用財産に係る譲渡所得の特別控除の特例を除く）や軽減税率の特例の適用を併用することはできない。

《主な要件》

① 自己の居住用財産の譲渡であること。なお，以前に住んでいた居住用財産の場合には，住まなくなった日から3年を経過する日の属する年の12月31日までに譲渡すること（家屋を取り壊した場合は，一定の場合に限る）

② 譲渡代金が1億円以下であること

③ 親族等に対しての譲渡でないこと

④ 居住期間が10年以上で，かつ，譲渡した年の1月1日にお

いてその家屋や敷地の所有期間がともに10年を超えるものであること

⑤　譲渡した年の前年から翌年までの3年の間に居住用財産を買い換えること

●図表1-13-4　居住用財産の譲渡に係る特例のまとめ

区分	特例制度	内容
譲渡利益	居住用財産の譲渡所得の特別控除	譲渡所得の金額から最高 3,000 万円を特別控除して計算することができる
	特定の居住用財産の買換えの特例	居住用財産を買い換えたとき，譲渡益に対する課税を繰り延べることができる
	軽減税率の特例	所有期間 10 年超の居住用財産を譲渡したとき，課税長期譲渡所得の金額のうち 6,000 万円以下の部分について，10% の軽減税率を適用できる
譲渡損失	居住用財産の買換え等の場合の譲渡損失の損益通算および繰越控除	居住用財産の買換えで譲渡損失が生じた場合であって，買換資産に係る住宅借入金残高がある場合は，損益通算および繰越控除ができる
	特定居住用財産の譲渡損失の損益通算および繰越控除	居住用財産を，住宅借入金残高を下回る価額で売却して損失（譲渡損失）が生じたとき，損益通算および繰越控除ができる

5　被相続人の居住用財産（空き家）に係る譲渡所得の特例

　相続または遺贈により取得した被相続人居住用家屋または被相続人居住用家屋の敷地等を，令和９年12月31日までの間に譲渡して，一定の要件に当てはまるときは，譲渡所得の金額から最高3,000万円まで控除することができる（措法35条3項）。

● 図表1-13-5　空き家に係る譲渡所得の3,000万円特別控除の特例の適用要件

適用期限 [注]	令和6年1月1日から令和9年12月31日までの間の譲渡
建築要件	昭和56年5月31日以前に建築された家屋（区分所有建物は対象外）
居住要件	相続の開始の直前において被相続人以外に居住していた人がいなかったこと ただし，要介護認定等を受けて老人ホーム等に入所するなど特定事由により，相続の開始の直前において被相続人の居住の用に供されていなかった場合で，一定の要件を満たすときは，その家屋は被相続人居住用家屋に該当する。
使用要件	相続の時から譲渡の時まで事業の用，貸付の用または居住の用に供されていたことがないこと
譲渡期間	相続の開始があった日から3年を経過する日の属する年の12月31日までの間にした譲渡であること
譲渡対価	譲渡対価の額が1億円以下であること
対震要件 [注]	被相続人居住用家屋は，譲渡日の属する年の翌年2月15日までに，一定の耐震基準を満たしているか，全部の取壊し等をした後に敷地等の譲渡をしているものであること
相続人制限	相続または遺贈で取得した相続人が3人以上いる場合は，1人当たりの特別控除額は最高2,000万円とされる。

（注）　令和6年1月1日以降の譲渡により当該条件に緩和されている。

14 一時所得

1 一時所得の範囲

関連過去問題
- 2024年3月
  問5, 問15
- 2023年10月
  問15
- 2023年3月
  問3, 問14
- 2022年3月
  問13

　一時所得とは，営利を目的とする継続的行為から生じた所得以外の所得で，労務や役務または資産の譲渡による対価としての性質を有しない一時の所得をいう（所34条1項）。

　　（注）　利子所得，配当所得，不動産所得，事業所得，給与所得，退職所得，山林所得および譲渡所得に該当するものを除く。

重要用語

一時所得

《一時所得の例》

・懸賞や福引きの賞金品

・競馬や競輪の払戻金 [注1]

・生命保険の一時金や損害保険の満期返戻金等 [注2]

・法人から贈与された金品 [注3]

・遺失物拾得者や埋蔵物発見者の受ける報労金等

・資産の移転等の費用に充てるため受けた交付金のうち，その交付の目的とされた支出に充てられなかったもの

　（注1）　宝くじの当選金は非課税とされている。

　（注2）　損害保険金および損害賠償金等で，心身に加えられた損害または突発的な事故により資産に加えられた損害に基因して取得するものは，非課税とされている。

　（注3）　相続，遺贈または個人からの贈与により取得するものは，相続税法の対象となる。

🖉 補足

一時払養老保険や一時払損害保険などで，保険期間等が5年以下のものまたは保険期間等が5年超で5年以内に解約した場合の差益は，一時所得となる。

🖉 補足

生命保険契約にもとづいて受け取る入院給付金や手術給付金は，非課税。

2 一時所得の金額

　一時所得の金額は，次のように計算する（所34条2項）。

$$\boxed{\text{一時所得の金額}} = 総収入金額 - 収入を得るために支出した金額^{(注)}$$
$$- 特別控除額（最高50万円）$$

（注） その収入を生じた行為をするため，またはその収入を生じた原因の発生に伴い直接要した金額に限る。

3 一時所得の課税方法

　一時所得の金額は原則として総合課税の対象となり，他の所得の金額と合計して総所得金額を求めた後，納める税額を計算する。その際，一時所得については，その金額の2分の1に相当する額を合算する（所22条2項）。

　ただし，懸賞金付預貯金等の懸賞金，一時払養老保険や一時払損害保険等(保険期間が5年以内のもの，または保険期間等が5年超で5年以内に解約されたものであるなど一定の要件を満たすもの)の差益等については，20.315%（うち復興特別所得税0.315%，住民税5%）の税率による源泉分離課税が適用される（所174条8号）。

一時所得は雑所得に似ているが，課税方式が異なるためきちんと整理しておくことが大切！

理解度チェック

❶ 勤務先でない法人から贈与された金品は，一時所得として課税される。

❷ 一時所得の特別控除額は，最高65万円である。

❸ 一時所得の金額は，他の所得と合算して総所得金額に含め課税される。

解答　❶ ○
　　　❷ × 　最高50万円である。
　　　❸ ○

15 | 雑所得

重要用語

雑所得

1 雑所得の範囲

　雑所得とは，利子所得，配当所得，不動産所得，事業所得，給与所得，退職所得，山林所得，譲渡所得および一時所得のいずれにも当たらない所得をいう（所35条）。

● 図表1-15-1　雑所得の例

公的年金等	・公的年金等の雑所得
分類によりその他雑所得に該当するもの	・法人の役員等の勤務先預け金の利子で利子所得とされないもの ・いわゆる学校債，組合債等の利子 ・定期積金に係る契約または銀行法2条4項《定義等》の契約に基づくいわゆる給付補てん金 ・還付加算金 ・株主等が受ける株主優待券等で配当所得とされないもの ・生命保険契約等に基づく年金 ・外貨建預貯金の為替差益
業務に係る雑所得（事業と称するに至らないもの)	・動産（不動産所得となる船舶および航空機を除く）の貸付けによる所得 ・工業所有権の使用料に係る所得 ・原稿やデザインの報酬，講演料等に係る所得 ・金銭の貸付けによる所得 ・営利を目的として継続的に行う資産の譲渡から生ずる所得 ・保有期間が5年以内の山林の伐採または譲渡による所得 ・一定の先物取引の差金決済による差益 ・暗号資産取引により生じた利益

2 雑所得の金額

雑所得の金額は,「公的年金等」と「その他」の金額の合計額として計算する（所35条2項）。

▶ 1. 公的年金等の雑所得の金額

> 公的年金等の雑所得の金額 ＝ 公的年金等の収入金額
> －公的年金等控除額

① 公的年金等とは,次に掲げる年金をいう。
  ⓐ 国民年金法,厚生年金保険法,公務員等の共済組合法などの規定による年金
  ⓑ 恩給,過去の勤務により会社などから支払われる年金
  ⓒ 確定給付企業年金法の規定に基づいて支給を受ける年金
  (注) iDeCo（個人型確定拠出年金）は私的年金制度のひとつであるが,年金で受給する場合は「公的年金等控除」の対象となる。

② 公的年金等控除額は,受給者の年齢,年金の収入金額に応じて定められている（図表1-15-2参照）。

▶ 2. その他の雑所得の金額

> その他の雑所得の金額 ＝ 総収入金額－必要経費

3 雑所得の課税方法

▶ 1. 総合課税

雑所得の金額は,上記「公的年金等の雑所得」と「その他の雑所得」を合計し,他の所得の金額と合算して総所得金額を求めた

📖重要用語
公的年金等控除額

後，超過累進税率により課税される。

● 図表1-15-2　公的年金等控除額の速算表（令和2年分以後）

※公的年金等に係る雑所得以外の所得に係る合計所得金額が 1,000 万円以下のケース

受給者の年齢	公的年金等の収入金額（A）	公的年金等控除額
65 歳未満	130 万円未満	60 万円
	130 万円以上 410 万円未満	(A) ×25% ＋ 27 万 5,000 円
	410 万円以上 770 万円未満	(A) ×15% ＋ 68 万 5,000 円
	770 万円以上 1,000 万円未満	(A) ×5% ＋ 145 万 5,000 円
	1,000 万円以上	195 万 5,000 円
65 歳以上	330 万円未満	110 万円
	330 万円以上 410 万円未満	(A) ×25% ＋ 27 万 5,000 円
	410 万円以上 770 万円未満	(A) ×15% ＋ 68 万 5,000 円
	770 万円以上 1,000 万円未満	(A) ×5% ＋ 145 万 5,000 円
	1,000 万円以上	195 万 5,000 円

（注）　雑所得の金額の計算上生じた損失の金額は，他の所得の金額と損益通算はできない。

▶ 2．源泉分離課税

公的年金等や原稿料・講演料などは，原則として支払いの際に源泉徴収が行われている。

注意
定期積金の給付補てん金は，利子所得には該当しないが，預貯金の利子と同様に源泉分離課税の対象となる。

このうち，定期積金の給付補てん金，抵当証券の利息，外貨建預貯金でその元本と利子をあらかじめ定められた利率により円換算して支払うこととされている換算差益などについては，一律 20.315%（うち復興特別所得税15.315%，住民税5%）の税率による源泉徴収税額だけで課税関係が終了する。

▶ 3．申告分離課税

一定の先物取引の差金等決済をした場合には，その先物取引に係る雑所得（事業所得の金額，譲渡所得の金額がある場合，これを合計した額）については，他の所得と区分して，所得税15.315%（復興特別所得税を含む。他に住民税5%）の税率による申告分離課税となる。

16 | 損益通算

1 損益通算とは

　所得税は総合課税を原則としているため，個別に計算された各種所得の金額に損失が発生した場合には，特定の赤字の所得について黒字の所得と一定の順序で相殺することを認めている。

　このように，各種所得金額の計算上生じた損失のうち一定のものについて，一定の順序にしたがって，総所得金額，退職所得金額または山林所得金額等を計算する際に他の各種所得の金額から控除することを，損益通算という（所69条）。

2 損益通算の対象となる所得の範囲

　損益通算の対象となる赤字の所得は，次のとおりである。

4つの所得から生じる損失	① 不動産所得 ② 事業所得 ③ 山林所得 ④ 譲渡所得
上場株式等に係る譲渡損失	上場株式等に係る譲渡損失の金額がある場合は，確定申告により，その年分の上場株式等の配当所得（申告分離課税を選択したものに限る）等の金額と損益通算ができる。
居住用財産の買換え等の場合の譲渡損失	居住用財産を買い換えた場合や，住宅借入金残高を下回る価額で譲渡した場合に，譲渡損失が生じたときは，一定の要件を満たすものに限り，損益通算することができる。

3 損益通算の対象にできない所得の範囲

　以下の所得の計算上生じた損失の金額は，他の各種所得の金額

関連過去問題
2024年3月問16
2023年10月問16
2023年3月問16
2022年10月問15
2022年3月問15

重要用語
損益通算

第1編

から控除（損益通算）することはできない。

① 配当所得，給与所得，一時所得および雑所得の金額

② 生活に通常必要でない資産に係る所得の金額の計算上生じた損失

　・競走馬（一定の場合を除く）

　・主として趣味，娯楽，保養または鑑賞の目的で所有する不動産，ゴルフ会員権等

　・貴金属，書画，骨とう等（1個または1組の価額が30万円を超えるもの）

③ 不動産所得の金額の計算上生じた損失の金額のうち，次のもの

　・別荘等の生活に通常必要でない資産の貸付けに係るもの

　・土地等を取得するために要した負債の利子に相当する部分の金額

　・国外中古建物から生じた不動産所得の損失のうち，一定の減価償却費に相当する部分の金額

④ 申告分離課税の株式等に係る譲渡所得等の損失（**2**に記載のものを除く）

⑤ 申告分離課税の先物取引に係る雑所得等の金額の計算上生じた損失

⑥ 土地建物等の譲渡所得の金額の計算上生じた損失（**2**に記載の一定の居住用財産に係るものを除く）

4 総所得金額の計算

　総合課税される各種所得は合算されるが，総所得金額は損益通算後の金額として合算される。

　なお，総所得金額の計算にあたっては，下記①については各所得の金額をそのまま，下記②については各所得の金額の2分の1

相当額をそれぞれ合算する。

① 事業所得，不動産所得，給与所得，総合課税の利子所得・
配当所得・短期譲渡所得および雑所得

② 総合課税の長期譲渡所得，一時所得

第
1
編

17 損失の繰越控除

関連過去問題
- 2024年3月
  問2
- 2023年10月
  問2
- 2023年3月
  問2,問17
- 2022年10月
  問16
- 2022年3月
  問2

 重要用語

繰越控除

1 制度の概要

　所得税は暦年課税を原則としているが，各種所得金額の損益を通算した結果，純損失の金額が残ったとき等において，一定の条件に当てはまる場合に，その純損失の金額等を翌年以後3年間にわたり，一定の方法により繰り越すことができる。

　繰越控除の対象となる損失の種類には，主に以下のようなものがある。

① 純損失（所70条）

② 雑損失（所71条）

③ 居住用財産の買換え等の場合の譲渡損失（措法41条の5）（「13　土地・建物等の譲渡所得」参照）

④ 特定居住用財産の譲渡損失（措法41条の5の2）（※同）

⑤ 上場株式等に係る譲渡損失（措法37条の12の2・37条の13の3）（「6　株式等の譲渡所得」参照）

　なお，この繰越しをする場合には，損失が生じた年分の確定申告書を提出し，かつ，その後連続して確定申告書を提出することが必要である。

2 純損失の繰越控除

重要用語

純損失

　純損失の金額とは，事業所得，不動産所得，譲渡所得，山林所得の4つの所得の損失の金額のうち，損益通算をしてもなお控除しきれない金額をいい，純損失に対する課税上の取扱いは，青色

申告者と白色申告者とで異なっている。

▶ 1．青色申告者の場合

　損失が生じた年分について青色申告をしている場合には，純損失の金額の全額を繰り越し，翌年以後3年間の所得の金額から控除することができる。

▶ 2．白色申告者の場合

　原則として，その年分の純損失はその年で切捨てになり，繰り越すことのできる損失の金額は，変動所得の損失額（事業から生じたものに限る）や被災事業用資産の損失額に限られる。

　なお，繰越控除の適用を受けるためには，いずれにおいても，純損失の生じた年分の所得税につき申告書を提出し，かつ，その後の年分についても連続して確定申告書を提出する必要がある。

3　雑損失の繰越控除

　災害や盗難，横領によって資産 (注1) に損害 (注2) を受けた場合，雑損控除（「18　所得控除」参照）として所得控除を受けることができる。

　雑損失の金額とは，災害等によって資産に受けた損失額のうち，雑損控除として控除しきれない金額をいう。

重要用語
雑損控除
雑損失

> （注1）　生活に通常必要でない資産（別荘や骨とう品，事業用以外の競走馬などの資産）を除く。
> （注2）　保険金，損害賠償金などで補てんされる金額を除く。

　その年の所得から控除できなかった雑損失の金額は，青色申告をしている年分のものであるかどうかにかかわらず，翌年以降3年間の所得の金額から繰越控除を受けることができる。

損失の繰越控除ができるものは，原則，損益通算が認められるものと，雑損控除の対象となるものに分けられる。

18 | 所得控除

1 所得控除の概要

　所得控除とは，各種所得金額の合計額から一定の金額を差し引くことができる制度をいう。このような制度が設けられているのは，所得税額を計算するときに各納税者の個人的事情（家族構成，災害による出費など）や社会政策上の要請等を加味しようとするためである。控除の目的となるものの性格から，物的控除に該当するもの（図表1-18-1）と人的控除に該当するもの（図表1-18-2）に大別される。

2 所得控除の種類と控除額（その1 物的控除）

▶ 1. 雑損控除（所72条）

① 本人や同一生計の親族（総所得金額等が48万円以下の人）が有する「生活用資産」について，「災害」・「盗難」・「横領」による損害を受けた場合，一定の金額の控除を受けることができる。

② 控除不足額は，翌年以後3年間に繰り越して各年の所得金額から控除できる（所71条）。

③ 手続き……確定申告が必要。災害関連支出がある場合には領収書の添付または提示が必要。所得制限なし。

▶ 2. 医療費控除（所73条）

① 本人や同一生計の親族のために次の医療費を支払った場合，その支払った医療費が一定額を超えるときに控除できる（ⓐ

関連過去問題
📝 2024年3月
問17, 問18
📝 2023年10月
問17
📝 2023年3月
問17, 問18
📝 2022年10月
問17
📝 2022年3月
問16, 問17

📖 重要用語

物的控除
人的控除

💡 補足

詐欺や脅迫による損失，保証債務の履行による損失は対象外となる。また，①棚卸資産，②事業供用固定資産・繰延資産，③山林，④生活に通常必要でない資産についても，対象外となる。

📖 重要用語

医療費控除

第1編

● 図表1-18-1　所得控除の種類（その1）

所得控除	① 雑損控除	次の@，ⓑのいずれか多いほうの金額 @ 差引損失額−総所得金額等×10% ⓑ （災害関連支出の金額−保険金等の額）−5万円 ※差引損失額＝損害金額＋災害等関連支出の金額−保険金などによって補てんされる金額
	② 医療費控除	次の@ⓑから選択適用 @ $\left(\begin{array}{c}\text{その年中に} \\ \text{支払った} \\ \text{医療費の額}\end{array} - \begin{array}{c}\text{保険金等で} \\ \text{補てん} \\ \text{される金額}\end{array}\right) - \left(\begin{array}{c}\text{10万円と総所得金額等} \\ \text{の5％のいずれか少ない} \\ \text{ほうの金額}\end{array}\right)$ ※最高200万円 ⓑ $\left(\begin{array}{c}\text{特定一般用医薬品等} \\ \text{購入費用}\end{array} - \begin{array}{c}\text{保険金等で} \\ \text{補てんされる金額}\end{array}\right) - 12,000$円 ※最高88,000円（検診や予防接種など一定の取組みが要件）
	③ 社会保険料控除	その年に支払った社会保険料の合計額（給与や公的年金等から差し引かれたものを含む）
	④ 小規模企業共済等掛金控除	その年に支払った小規模企業共済掛金，心身障害者扶養共済掛金，確定拠出年金加入者掛金との合計額
	⑤ 生命保険料控除	次の@ⓑ©の合計額（最高12万円） @ 平成24年1月1日以後に締結した新契約の場合　㋑＋㋺＋㋩ 　㋑㋺㋩について，それぞれ次の計算式に当てはめて計算した金額 　㋑ 介護医療保険料（最高4万円） 　㋺ 一般の生命保険料（最高4万円） 　㋩ 個人年金保険料（最高4万円） 　・20,000円以下…支払保険料等の全額 　・20,000円超40,000円以下…支払保険料等×$\frac{1}{2}$+10,000円 　・40,000円超80,000円以下…支払保険料等×$\frac{1}{4}$+20,000円 　・80,000円超…一律40,000円 ⓑ 平成23年12月31日以前に締結した旧契約の場合　㋥＋㋭ 　㋥ 一般の生命保険料（最高5万円） 　㋭ 個人年金保険料（最高5万円） 　それぞれ次の計算式に当てはめて計算した金額 　・25,000円以下…支払保険料等の全額 　・25,000円超50,000円以下…支払保険料等×$\frac{1}{2}$+12,500円 　・50,000円超100,000円以下…支払保険料等×$\frac{1}{4}$+25,000円 　・100,000円超…一律50,000円 © 新契約と旧契約がある場合 　新契約については@の算式で，旧契約についてはⓑの算式で計算する 　・一般の生命保険料㋺＋㋥（最高4万円） 　・個人年金保険料㋩＋㋭（最高4万円）

● 図表1-18-1 所得控除の種類(その1)(つづき)

所得控除	⑥ 地震保険料控除	次の@と⑥の合計額(最高 50,000 円) @ 地震保険にかかる損害保険契約の保険料を支払った場合 　・50,000 円まで…支払保険料の全額 　・50,000 円超…50,000 円 (最高 50,000 円) ⑥ 長期損害保険契約の保険料を支払った場合(経過措置として平成 18 年 12 月 31 日までに締結された一定のものに限る) 　・10,000 円まで…その全額 　・10,000 円超…支払保険料×$\frac{1}{2}$+5,000 円 (最高 15,000 円)	
	⑦ 寄附金控除	・支出した特定寄附金の合計額− 2,000 円 ・総所得金額等× 40%− 2,000 円	いずれか低いほうの金額

補足

保険金等により補てんされる金額(社会保険からの支給額,生命保険・損害保険契約による保険金など)は,原因となる医療費から控除する。

人間ドック,健康診断の費用は,疾病が発見されなかった場合は対象外となる。

第1編

⑥は選択適用)。

@　本人または同一生計の親族の医療費としてその年中に実際に支払った金額(未払いのものは含まない)

⑥　検診や予防接種等一定の取組を行っている人が特定一般用医薬品等(スイッチOTC医薬品)を購入した費用(セルフメディケーション税制特例)

②　手続き……確定申告が必要(年末調整では不可)。

必要事項を記載し,医療費の領収書から作成した医療費控除の明細書か,医療費通知で一定のものを添付する(医療費の領収書は 5 年間保存必要)。

▶ 3. 社会保険料控除(所74条)

①　本人または同一生計の親族が負担すべき社会保険料で実際に支払った金額(給与や公的年金から差し引かれるものを含む)が控除できる。

②　手続き……確定申告のほか,年末調整でも受けられる。国民年金は証明書の添付または提示が必要。

▶ 4. 小規模企業共済等掛金控除(所75条)

①　本人が次の小規模企業共済等掛金を支払った場合にその合計額が控除できる。

@　小規模企業共済法 2 条 2 項の共済契約の掛金

重要用語

社会保険料控除

補足

具体例として,国民健康保険・介護保険・厚生年金・国民年金・労災保険・雇用保険の保険料など

重要用語

小規模企業共済等掛金控除

ⓑ　確定拠出年金法に規定する企業型年金加入者掛金または

　　　　個人型年金加入者掛金（iDeCo）

　　　ⓒ　心身障害者扶養共済制度の掛金

　　②　手続き……年末調整でも受けられる。確定申告では証明書

　　　の添付または提示が必要。

重要用語
生命保険料控除

▶ 5．生命保険料控除（所76条）

　　①　本人が支払いをした次の保険料のうち一定額が控除できる。

　　　ⓐ　一般の生命保険料

　　　ⓑ　介護医療保険料

　　　ⓒ　個人年金保険料

　　②　手続き……年末調整でも受けられる。確定申告では証明書

　　　の添付または提示が必要（年間保険料が9,000円以下の旧契

　　　約を除く）。

重要用語
地震保険料控除

▶ 6．地震保険料控除（所77条）

　　①　本人が次の保険料を支払った場合に控除できる。

　　　ⓐ　地震保険料

　　　ⓑ　平成18年12月31日までに契約した一定の損害保険料

　　②　手続き……年末調整でも受けられる。確定申告では証明書

　　　の添付または提示が必要。

重要用語
寄附金控除

▶ 7．寄附金控除（所78条）

　　①　本人が2,000円を超える次の特定寄附金を支出した場合に

　　　控除できる。

　　　ⓐ　国または地方公共団体に対する寄附金（ふるさと納税を

　　　　含む）

　　　ⓑ　指定寄附金（公益法人等に対する寄附金で財務大臣が指

　　　　定したもの）

　　　ⓒ　特定公益増進法人（独立行政法人，日本赤十字社，学校

　　　　法人，社会福祉法人など）に対する寄附金

ⓓ 特定公益信託のうち，一定のもののために支出した金銭

ⓔ 認定特定非営利活動法人（認定ＮＰＯ法人）に対する寄附金

ⓕ 一定の政治献金（選挙管理委員会等の確認印のあるもの）など

② 手続き……確定申告が必要（年末調整では不可）。

支出の種類によりそれぞれの規定の添付書類を添付または提示が必要。

ただし自治体への寄付（ふるさと納税）の場合には，一定の場合，寄附先の自治体への申請で確定申告不要制度がある。

💡 補足

大学入学に関してする寄附や神社への寄附（指定寄附金でないもの）などは対象外となる。

3 所得控除の種類と控除額（その2 人的控除）

▶ 1. 障害者控除（所79条）

本人または同一生計配偶者や扶養親族が障害者（または特別障害者）である場合に控除できる。

① 障害者

身体障害者手帳等の発行を受けている人や，知的障害者と判定された人（②，③を除く）

② 特別障害者

ⓐ 身体障害者手帳が1級または2級の人，重度の知的障害者など

ⓑ 常に就床を要し，複雑な介護を要する者（いわゆる寝たきり状態）

③ 同居特別障害者

同一生計配偶者や扶養親族が，特別障害者であり，かつ，本人または同一生計の親族との同居を常況としている

▶ 2. 寡婦控除（所80条）・ひとり親控除（所81条）

本人が以下の①②③に該当する場合に控除できる。

📖 重要用語

障害者控除

📖 重要用語

寡婦控除
ひとり親控除

第1編

●図表1-18-2　所得控除の種類(その2)

所得控除	①	障害者控除	・障害者1人につき…270,000円 ・特別障害者1人につき…400,000円 ・同居特別障害者1人につき…750,000円		
	②	寡婦控除	270,000円		
	③	ひとり親控除	350,000円		
	④	勤労学生控除	(合計所得金額が750,000円以下) …270,000円		
	⑤	配偶者控除	(納税者の合計所得金額が1,000万円以下)		

配偶者控除の表:

納税者の合計所得金額	900万円以下	900万円超950万円以下	950万円超1,000万円以下
一般の控除対象配偶者	380,000円	260,000円	130,000円
老人控除対象配偶者	480,000円	320,000円	160,000円

⑥	配偶者特別控除	(納税者の合計所得金額が1,000万円以下) ・配偶者の合計所得金額が480,000円超133万円以下 ・本人の合計所得金額が900万円以下，900万円超950万円以下，950万円超1,000万円以下の3区分と配偶者の合計所得金額に応じて控除額が異なる(1万円〜38万円)
⑦	扶養控除	(扶養親族となる人の合計所得金額が480,000円以下) 一般扶養親族…380,000円 特定扶養親族…630,000円 老人扶養親族　同居老親等以外…480,000円 　　　　　　　同居老親等…580,000円

⑧ 基礎控除

納税者本人の合計所得金額	控除額
2,400万円以下	48万円
2,400万円超〜2,450万円以下	32万円
2,450万円超〜2,500万円以下	16万円
2,500万円超	0円

① 合計所得金額が500万円以下である。

② 事実上婚姻関係にあると認められる者として一定の者がいない(いわゆる事実婚なし)。

③ ⓐ寡婦控除

・夫と離婚後婚姻をしていない者のうち，扶養親族を有する者であること

・夫と死別後婚姻をしていない者または夫の生死が明らかでない者であること

ⓑひとり親控除

・現に婚姻をしていない者または配偶者の生死の明らかでない者のうち，生計を一にする子（総所得金額等が48万円以下に限る）を有する者であること

▶ 3. 勤労学生控除（所82条）

学生生徒などで給与所得等がある人が，合計所得金額が75万円以下，かつ給与所得など勤労による所得以外の所得金額の合計額が10万円以下の場合には控除できる。

▶ 4. 配偶者控除（所83条）・配偶者特別控除（所83条の2）

本人と同一生計の配偶者（内縁の妻や夫は該当しない）がいる場合で，次の要件を満たすときは控除できる。

① 控除対象配偶者

   ⓐ 本人の合計所得金額が1,000万円以下であること

   ⓑ 配偶者の合計所得金額が48万円以下であること

   ⓒ 青色事業専従者，または事業専従者に該当しないこと

② 老人控除対象配偶者

   ①の控除対象配偶者で70歳以上であること

③ 配偶者特別控除

   配偶者に48万円を超える所得があるため，配偶者控除の適用がない場合で，① ⓐⓒ，かつ配偶者の合計所得金額が48万円超133万円以下であるときは，配偶者特別控除の適用を受けることができる。

▶ 5. 扶養控除（所84条）

本人と同一生計の親族（配偶者を除く）や，いわゆる里子などの扶養親族で，16歳以上の人がいる場合には，その人数分の金額が控除できる。

① 控除対象扶養親族

   ⓐ 各人の合計所得金額が48万円以下であること

   ⓑ 青色事業専従者または事業専従者に該当しないこと

② 特定扶養親族

①の控除対象扶養親族で19歳以上23歳未満であること

③ 老人扶養親族

扶養親族のうち70歳以上であること

④ 同居老親等

③の老人扶養親族のうち本人または配偶者の直系尊属で，いずれかとの同居を常況としている人

▶ 6. 基礎控除（所86条）

本人の合計所得金額に応じて一定の金額（図表1-18-2参照）が控除される。

4 扶養親族等の判定の時期

扶養親族や，控除対象配偶者・障害者・勤労学生等に該当するか否かの判定は，その年の12月31日の現況で行う。ただし，年の途中に死亡した場合は死亡の日，出国の場合は出国の日で判定する（所85条）。

理解度チェック

❶ 人間ドックや健康診断の費用は，疾病が発見されなかった場合でも，医療費控除の適用対象になる。

❷ 寄附金控除の適用を受けるためには，確定申告をしなければならない。

❸ 詐欺や脅迫による損失，保証債務の履行による損失は，雑損控除の適用対象になる。

解答　❶ ✕　疾病が発見されなかった場合は適用対象外となる。
　　　❷ ○
　　　❸ ✕　雑損控除の適用対象外である。

19 | 配当控除

1 概要

　内国法人から受けた剰余金の配当などの配当所得があるときには，下記**3**で計算した金額を配当控除として所得税額から控除（税額控除）することができる（所92条）。

2 配当控除の対象となる配当等の範囲

① 剰余金の配当等

　　剰余金の配当，利益の配当，剰余金の分配，金銭の分配，特定株式投資信託の収益の分配

② 特定証券投資信託の収益の分配

　　公社債投資信託以外の証券投資信託（特定株式投資信託などを除く）などの収益の分配

③ 配当控除は，総合課税により確定申告をしているものに限る。

3 配当控除額の計算

　配当控除の金額は，課税総所得金額等1,000万円のラインで控除率を区分し，原則として1,000万円を超えない部分は10％，超える部分は5％で計算する。

関連過去問題
- 2024年3月 問2,問3
- 2023年10月 問2
- 2023年3月 問2
- 2022年10月 問2,問3
- 2022年3月 問2,問18

重要用語
配当控除

補足
次の配当所得は配当控除の対象とならない。①外国法人から受けるもの，②基金利息，③私募公社債等運用投資信託等の収益の分配，④申告分離課税の適用を受ける上場株式等の配当等，⑤確定申告不要を選択した少額配当

第1編

●図表1-19-1　配当控除額の計算

課税総所得金額等による区分	算　式
(1) 1,000万円以下	配当所得の金額×10%^(注)
(2) 1,000万円超 ① 配当所得の金額が1,000万円超の部分の金額以下である	① 配当所得の金額×5%^(注)
② 配当所得の金額が1,000万円超の部分の金額より大きい	② 配当所得の金額×10%−(課税総所得金額等−1,000万円)×5%^(注)

(注)　上記の「配当所得の金額」は，配当控除の対象となる配当所得の金額である。算式中の10%は，証券投資信託の収益の分配（特定投資信託を除く）については5%（一般外貨建証券投資信託については2.5%），算式中の5%は，証券投資信託の収益の分配（同上）については2.5%（一般外貨建証券投資信託については1.25%）が適用される。

4 配当所得の金額についての留意点

▶ 1. 配当所得の負債利子

配当所得の金額は，負債利子控除後の金額である。

▶ 2. 損益通算等

損益通算や純損失または雑損失の繰越控除の結果，配当所得の金額が赤字と通算されている場合でも，損益通算や損失の控除前の配当所得をもとに配当控除が受けられる。

▶ 3. 税額控除の特徴

配当控除を受けるには，確定申告が必要である。

税額控除は算出税額を限度とするため，控除しきれない場合の残額は切り捨てられる（納税額がマイナス（還付）になることはない）。

20 | 住宅借入金等特別控除

1 住宅借入金等特別控除制度の概要

住宅借入金等特別控除は，住宅取得の負担を支えることにより，住宅施策や景気刺激などに直結させる政策的色合いが濃い税額控除制度である。

個人が国内で一定の住宅の取得等をして，自己の居住の用に供した場合において，住宅借入金等を有するときは，一定期間，その住宅借入金等の年末残高に一定の控除率を乗じた金額を所得税額から控除できる制度である。

適用を受けるには，最初の年分は必要書類を添えて確定申告をしなければならない。2年目以降は年末調整でも適用できる。

2 住宅借入金等特別控除額の計算

> その年の住宅借入金等特別控除額＝その年の住宅借入金等の年末残高×控除率

（注） 増改築等の費用に関して補助金等を受けている場合は，工事費用からその補助金等の額を控除する。

住宅借入金等の年末残高の限度額，控除期間，控除率は，居住年月日によって各年分で異なるが，直近分をまとめると図表1-20-1のとおりとなる。

関連過去問題
- 2023年10月
  問18
- 2022年10月
  問18

 重要用語

住宅借入金等特別控除

第1編

● 図表1-20-1 住宅等の借入金限度額等

区分		入居年月日	控除期間	控除率	年末借入金限度額
新築住宅等	認定住宅	令和4年・5年	13年	0.70%	5,000万円
		令和6年・7年			4,500万円 (注3)
	ZEH水準省エネ住宅	令和4年・5年			4,500万円
		令和6年・7年			3,500万円 (注3)
	省エネ基準適合住宅	令和4年・5年			4,000万円
		令和6年・7年			3,000万円 (注3)
	その他の住宅	令和4年・5年			3,000万円
		令和6年・7年	10年		0円 (2,000万円) (注2)
既存住宅	認定住宅等 (注1)				3,000万円
	その他の住宅				2,000万円

（注1）「認定住宅等」とは，認定住宅，ZEH水準省エネ住宅および省エネ基準適合住宅のことを
いい，「認定住宅」は認定長期優良住宅および認定低炭素住宅のことを指す。
（注2）令和5年12月31日までの建築確認を受けたもの等は2,000万円。
（注3）令和6年度税制改正により，子育て世帯・若者夫婦世帯が令和6年に入居する場合には，令
和4・5年入居の場合の水準（認定住宅：5,000万円，ZEH水準省エネ住宅：4,500万円，
省エネ基準適合住宅：4,000万円）を維持することとされている。

3 適用を受けるための要件

① 借入金により一定の住宅の取得等をしたこと

住宅の取得等とは，ⓐ居住用家屋の新築，ⓑ既存住宅の取

得，ⓒ一定の増改築 をいう。

② 住宅借入金等の年末残高があること

③ 取得等から6か月以内に自己の居住の用に供したこと

④ 各年の年末まで引き続き居住していること

⑤ その年の合計所得金額が2,000万円（特例居住用家屋等 (注)

の場合は1,000万円）以下である場合

（注）特例居住用家屋等とは，令和6年12月31日以前に建築

確認を受けた床面積が40m² 以上50m² 未満の家屋をいう。

⑥ 一定の親族等からの取得でないこと

⑦ 居住の用に供した年，その前年，前々年，翌年以降3年の6

年間に居住用財産の長期譲渡所得の課税の特例，買換えの特例，譲渡所得の特別控除などの適用を受けていないこと

4 対象となる住宅等の範囲

▶ 1. 居住用家屋の新築または既存（中古）住宅の取得の場合

① 床面積50m²以上（特例居住用家屋等の場合は40m²以上50m²未満）であること

② 床面積の2分の1以上が専ら自己の居住の用に供されているものであること

③ （既存住宅）次のいずれかに該当するものであること

    ⓐ 昭和57年1月1日以後に建築されたものであること

    ⓑ 耐震基準に適応するものであること

▶ 2. 一定の増改築の場合

① 工事に要した費用の額が100万円（補助金の額を控除した金額）を超えること

② 工事をした後の床面積が50m²以上であること

③ 自己の居住の用の工事に要した費用の額が総額の2分の1以上であること

④ 工事した後の床面積の2分の1以上が専ら自己の居住の用に供されているものであること

▶ 3. 認定住宅等の新築または取得の場合

① ▶1①，②であること

② 認定長期優良住宅，認定低炭素住宅などであることの証明を受けたものであること

5 住宅借入金等の範囲

① 金融機関，住宅金融支援機構，勤務先等（一定の場合を除く）からの借入金または債務であること

② 償還期間10年以上で割賦償還等の方法により返済するもの

③ 年末に借入金の残高が残っていること

6 申告要件

確定申告書に所定の明細を記載し，必要書類を添付すること

7 二以上の居住年にかかる住宅借入金等を有する場合

住宅借入金を異なる居住年ごとに区分し，それぞれの居住年の規定に応じて計算した金額の合計額を控除する（措法41条の2）。

住宅借入金等特別控除は頻繁に改正が行われているが，入居開始年分の規定に応じて控除期間，控除率，借入限度額などが決定されるので，まず，入居開始年の確認が重要である。

21 収入金額

1 収入金額の意義

　その年分の各種所得の収入金額は，別段の定めがあるものを除き，その年において収入すべき金額とされている（所36条1項）。

　収入すべき金額とは，以下の要件を満たすものである。

① 収入する権利が確定していること

② 収入する事実が発生していること

③ 収入する金額が確定していること

　そのため，一部未収であっても上記要件を満たすものは収入金額となる。

　また，収入の基因となった行為が違法かどうかは問わないため，賭博など適法でない行為から生じた収入であっても，上記要件を満たすものは収入金額となる。

重要用語
収入すべき金額

2 収入金額の評価

　金銭以外の物，権利その他経済的利益を受け取る場合には，これらを収入する時における時価が収入金額となる（所36条2項）。

3 別段の定め

① 対価のない収入

　　外部から経済的利益の流入がなくても以下のものは課税対象となる。

　ⓐ 棚卸資産等の自家消費

ⓑ　棚卸資産等の贈与，遺贈，著しく低い対価による譲渡
　②　収入（費用）の帰属時期の特例
　　ⓐ　リース譲渡の延払基準
　　　　リース取引の目的となる資産については，延払基準の方
　　　法による経理を認める特例がある（所65条）。
　　ⓑ　長期大規模工事の工事進行基準
　　　　長期大規模工事については，工事進行基準の方法により
　　　計算しなければならない（所66条）。
　　ⓒ　小規模事業者の収入費用の帰属時期（現金主義）
　　　　小規模事業者に該当し，一定の条件に当てはまる青色申
　　　告者は，その年に現実に収入した金額を総収入金額として
　　　支出した費用の額を必要経費として所得金額を計算するこ
　　　とができる（所67条）。
　　ⓓ　収穫基準
　　　　農産物を収穫した場合，収穫した時における収穫価額を
　　　収入金額，その農産物を販売した時は，その販売価額を収
　　　入金額，収穫価額を必要経費として農業所得の金額を計算
　　　する（所41条）。

22 │ 必要経費

1 必要経費の意義

　その年分の不動産所得，事業所得，雑所得の必要経費は，**別段の定め**があるものを除き，総収入金額を得るために対応する売上原価と，期間対応の販売費及び一般管理費等に区分され，債務が確定した金額をいうものである（所37条）。

　「債務が確定した金額」とは，その年の12月31日において以下の条件を満たすものである（所基通37-1，37-2）。

① 　支払うべき債務が成立していること

② 　原因となる事実が発生していること

③ 　金額を合理的に算定することができるもの

関連過去問題
- 2024年3月 問7
- 2023年10月 問7
- 2023年3月 問7
- 2022年10月 問7
- 2022年3月 問6

📖重要用語
別段の定め

●図表1-22-1　必要経費の意義

不動産所得・事業所得・雑所得 の必要経費	原則	① 売上原価（その収入を得るために直接要した費用の額） ② その年の販売費および一般管理費その他業務について生じた費用（償却費以外でその年に債務の確定しないものを除く）
	別段の定め	① 家事関連費等（所45条） ② 償却費（所49条・50条） ③ 資産損失（所51条） ④ 引当金（所52条〜54条） ⑤ 親族が事業から受ける対価の取扱い（所56条・57条） ⑥ 延払基準，工事進行基準の適用（所65条・66条） ⑦ 小規模事業者の現金主義（所67条）

2 別段の定め

補足

個人の支出には, 家事用と事業用の両方に関わりがある費用(交際費, 地代家賃, 水道光熱費など)があり, これを家事関連費という。

▶ 1. 家事関連費等

家事上の経費（家事費）やそれに関連する経費（家事関連費）は原則として必要経費に算入できない。ただし，家事関連費については，業務の遂行上必要である部分を明らかにすることができる部分は，必要経費に算入することができる。

▶ 2. 償却費（減価償却資産・繰延資産）

償却費とは，一時に必要経費にするのではなく，耐用年数や一定の償却期間に配分して必要経費とする方法である。

▶ 3. 資産損失

事業用固定資産等の取壊し，除却，滅失等による損失は，経費の支出でも業務関連費用でもないが，別段の定めにより必要経費に算入することができる。

資産損失の取扱いは，次のとおりに区分される。

① 事業用固定資産の取壊し，除却，滅失等
   必要経費算入（全額）

② 業務に係る売掛金・貸付金等の貸倒れ
   必要経費算入（不動産所得，雑所得の金額を限度）

③ 山林の災害等
   災害，盗難，横領の損失について必要経費算入

▶ 4. 引当金

引当金は支払いを伴わない未確定の金額である。しかし，将来の一時の支出や損失等の負担を各年分でも負担すべきであることから，別段の定めにより，一定額を繰り入れた場合は必要経費に算入することができる。

（例）貸倒引当金, 返品調整引当金, 退職給与引当金等

▶ 5. 親族が事業から受ける対価

① 原則の取扱い

・生計を一にする親族へ支払う対価の額については，不払いや家計充当などで曖昧になりやすいため，家計で受ける所得に対しては世帯単位課税の考え方を取り入れている。

すなわち，以下のように規定している（所56条）。

⑦ 事業主は生計を一にする親族に支払った対価の額を必要経費に算入できない。

④ そのかわりに，その親族が支払う必要経費（店舗の固定資産税等）を事業主の必要経費に算入することができる。

② 例外の取扱い

・生計を一にする親族に支払われる給与については，必要経費として認める特例がある。

（青色申告：青色事業専従者給与，白色申告：事業専従者控除）

・特例を受けた場合は，配偶者控除，配偶者特別控除，扶養控除等は受けられない。

▶ 6. 延払基準・工事進行基準

収益費用の帰属の時期の特例である延払基準や工事進行基準を採用した場合に，その年分の必要経費に算入されるのは，その年において各々の方法により算出し，経理された費用の額である。

▶ 7. 小規模事業者の現金主義

小規模事業者に該当し，一定の条件に当てはまる青色申告者は，選択により，現金主義により総収入金額を計上し，その年に支出した費用の額を必要経費として所得の金額を計算することができる（所67条）。

3 必要経費とならないもの

① 業務の遂行上必要でない家事関連費等

② 租税公課で次のもの

ⓐ 所得税

ⓑ 道府県民税，市民税

ⓒ 延滞税，加算税，過怠税

ⓓ 罰金，科料，過料

ⓔ 損害賠償金等

③ 生計を一にする親族に支払った事業上の対価（特例部分を除く）

④ 借入金の元金返済額

⑤ 事業用資産の取得費

必要経費については，原則である①売上原価（その収入を得るために直接要した費用の額）と，②その年に生じた販売費，一般管理費その他業務上の費用の額かどうかの違いも注意するように！

補足

租税公課等については，事業に関係するか否かにより必要経費となるか判断する。

業務用資産に係る固定資産税や不動産取得税，事業税，税込経理の場合の消費税等は事業に直接関係するものとして必要経費に算入となる。

23 | 売上原価

1 売上原価の算定

必要経費に算入する棚卸資産の売上原価は，次の算式により計算される。

なお，棚卸資産とは商品・製品・原材料等の事業所得を生ずべき資産（有価証券および山林を除く）をいう（所2条1項16号,所令3条）。

 重要用語
棚卸資産

$$\boxed{売上原価} = \begin{array}{c} 1月1日現在におけ \\ る棚卸資産の価額 \end{array} + \begin{array}{c} その年中の \\ 仕入高また \\ は製造原価 \end{array} - \begin{array}{c} 12月31日現在にお \\ ける棚卸資産の価額 \end{array}$$

2 棚卸資産の評価方法

事業の種類ごと，かつ棚卸資産の種類ごとに選定し，期日までに所轄税務署長に届け出た方法により評価する。

また，評価方法の選定は，図表1-23-1の期日までに所轄税務署長に届け出なければならない。

●図表1-23-1 評価方法の選定時期

事業開始の場合	事業開始日の属する年分の確定申告期限まで
新たに他の事業を開始した場合	新たな事業開始日の属する年分の確定申告期限まで
選定した評価方法を変更しようとする場合	変更しようとする年の3月15日まで（届出書でなく，変更承認申請書の提出が必要）

第1編

24 | 申 告

関連過去問題
✎ 2024年3月
問19
✎ 2023年3月
問19
✎ 2022年3月
問19

1 確定申告とは

　所得税の確定申告は，納税者が自らの手で1月1日から12月31日までの1年間の所得の金額と所得税の額（または損失の額）を計算し，確定させる手続きである。また，予定納税額，源泉徴収税額の過不足額を精算する役割も有している。

　その年の翌年2月16日から3月15日までの期間に，納税地の所轄税務署長に対して確定申告書を提出する（所120条・123条）。

▶ 1. 確定申告書の種類

　各種申告書が用意されており，申告内容に応じた用紙（付表）を使う。

▶ 2. 復興特別所得税

　平成25年から令和19年までの各年分の所得税納税義務者は，復興特別所得税（基準所得税額の2.1%）を併せて申告納付しなければならない。

2 確定申告をしなければならない人

▶ 1. 一般の人

　所得税の額が，配当控除の額を超える人（還付申告の対象となる場合を除く）

▶ 2. 給与所得者・退職所得者・年金所得者

　年末調整で所得税額の精算が終了するため，原則として確定申告の必要はないが，次の図表1-24-1に該当する場合は確定申告を

重要用語

確定申告書

補足

確定申告書を郵送した場合は，郵便物の消印の日を，その郵便物が提出された日とみなすことになっている。

● 図表1-24-1　確定申告をしなければならない人

給与所得者	給与等の金額が2,000万円超の人 2カ所以上から給与をもらっている人 給与所得, 退職所得以外の所得の合計が20万円超の人 同族会社の役員等で貸付利息や資産の賃貸料の支払いを会社から受けている人 源泉徴収適用対象外の給与等の支払いを受けた人 (家事使用人給与等, 国外で支払いを受ける給与等など)
退職所得者	「退職所得受給申告書」の提出がなく, 源泉徴収税額が20.42%(復興特別所得税を含む)より少ない人
年金所得者	公的年金の収入金額が400万円超の人 公的年金等以外の所得金額が20万円超の人
その他	災害減免法により源泉徴収の猶予を受けた人

要する。

3　所得税の還付等を受けるための確定申告(還付申告)

　所得税額の計算上引き切れなかった外国税額控除額や源泉徴収税額がある人, 予定納税額が過大となった人は, 確定申告により, 所得税の還付を受けることができる。

　還付申告書は, 確定申告期間とは関係なく, 還付申告をする年分の翌年1月1日から5年間提出することができる。

　また, 確定申告書を提出する義務のない人でも, 次のような場合には, 原則として還付申告をすることができる。

① 年の途中で退職し, 年末調整を受けていない人
② 医療費控除, 寄附金控除, 住宅借入金等特別控除などを受ける人
③ 配当控除を受ける人

4 確定申告の期限後に変更があった場合（修正申告・更正の請求）

法定申告期限後に，すでに提出した確定申告書に誤り等があり，税額が過少であった場合には，修正申告を行う。反対に，税額が過大であった場合には，法定申告期限から5年以内であれば更正の請求により還付を受けることができる。

5 準確定申告

納税者が死亡した場合，または出国する場合には，通常の確定申告書に代えて準確定申告書を提出しなければならない。

▶ 1. 死亡の場合

納税者が死亡した場合には，相続人は相続の開始があったことを知った日の翌日から4か月以内に，被相続人の所得について確定申告をしなければならない（所124条・125条）。

▶ 2. 出国の場合

納税者が納税管理人の届出をせず出国する場合には，出国時までに，準確定申告書を提出しなければならない（所126条・127条）。

理解度チェック

❶ 確定申告書の提出は，原則として，その年の翌年の2月1日から3月15日までに行う必要がある。

❷ 納税者の死亡により準確定申告を行うときは，相続の開始を知った日の翌日から10ヵ月以内に申告・納付する。

❸ 還付申告書は，確定申告期間とは関係なく，翌年1月1日から5年間提出できる。

解答　❶ ✕　その年の翌年の2月16日から3月15日までである。
　　　❷ ✕　相続の開始があったことを知った日の翌日から4か月以内
　　　❸ ○

---

25 納 付

[確定申告と納付]

所得税の確定申告分（第3期分）の納付期限は，原則，申告期限と同時と定められている。

所得税では，原則として申告納税方式を採っているが，制度の運用を円滑に行うため，確定申告書の提出による納付のほか，源泉徴収制度や予定納税の制度を併用している。

納付方法についても，一定の手続きによる口座振替，国税電子申告・納税システム（e-Tax）によるインターネットバンキング，ＡＴＭによる納付方式のほか，コンビニでの納付も整備されている。

また一定の要件で認められる延納制度や，災害等の場合の納税の猶予制度も設けられている。

▶ 1. 延納制度

確定申告により第3期に納付する税額は，次の要件を満たす場合，延納をすることができる（所131条）。

延納できるのは，次の要件の下，納税額の2分の1未満で，全額を延納することはできず，延納税額とそれにかかる利子税とを合わせて，5月31日までに納付することとなる。

① 確定申告による納税額の2分の1相当額以上を納期限（3月15日）までに納付している。

② 納期限までに延納届出書を提出している。

▶ 2. 予定納税

① 概要

関連過去問題
- 2024年3月
  問19
- 2023年3月
  問19
- 2022年3月
  問19

第1編

📖 **重要用語**
延納制度

💡 **補足**
延納届出書は，確定申告書の「延納の届出」の欄に金額を記入して提出する。

📖 **重要用語**
予定納税

前年分の所得をもとに見積もった予定納税基準額が15万円以上の人は，その年の所得税（復興特別所得税を含む）の一部をあらかじめ納めるため，第１期，第２期に予定納税基準額の３分の1相当額を予納する。第３期において，源泉徴収税額と，第１期，第２期の予定納税額を精算し，復興特別所得税と合わせて納付することで，その年分の納税が完了する。

　②　減額申請

　前記①の予定納税義務者は，その年の納税見積額が予定納税基準額に満たないと見込まれるときは，予定納税の減額を申請することができる（所111条）。

　③　納税猶予

　災害等による納税猶予のほか，国外転出時の有価証券の譲渡所得課税を受ける場合，未実現利益に対する課税であり，納税資金を伴わないため，最長10年の納税猶予を選択できる。

重要用語

納税猶予

第2編

相続税・贈与税

1 遺産分割・遺産分割協議・遺言

関連過去問題
📝2023年10月
問33
📝2022年10月
問31
📝2022年3月
問31

1 遺産分割と方法

　相続により（いったんは）共同相続人の共有となった相続財産を，共同相続人全員の協議等によって相続分と実情に応じて適正に分配し，各個人の単独所有または通常の共有に移行させる手続きが遺産分割である。

　遺産の分割は，相続開始後いつでも行うことができ，相続争いなどがなければ，相続人間での協議によることが一般的である。この場合に，被相続人の遺言書があれば，その内容が優先されることになる。

　遺産分割にあたっては，民法906条において，どのように遺産分割すべきかの指針を示しているが，どのように分割するかは共同相続人全員の自由な意思にもとづく。

　遺産分割の方法は図表2-1-1のとおりである。

●図表2-1-1　遺産分割の方法

▶ 1. 現物分割

📖重要用語
現物分割

遺産を現状のまま分割する方法で，分割の原則的方法である。

▶ 2. 代償分割

📖重要用語
代償分割

遺産の全部または大部分を特定の相続人の１人が取得する代わ

りに，他の相続人にはその特定の相続人が従来から所有していた不動産や預金などを相続分に応じて与える方法である。

▶ 3. 換価分割

共同相続人が遺産の全部または一部を換価して，その換価代金を分割する方法である。

📖 重要用語
換価分割

2 遺産分割協議

遺産分割について共同相続人間で話合いの結果，合意に達したときは，不動産などの登記や税務申告上の必要に備え，協議が成立したことを証明するため遺産分割協議書を作成する。

遺産分割協議書は，遺言と異なり特別な方式が定められていないので任意に作成することができる。

遺産分割協議は，相続人全員および包括受遺者による協議によって成立するので，遺産分割協議書には相続人全員および包括受遺者の署名と押印（市町村長に届け出された印章）が必要である。

🖉 補足

遺産分割は相続人の協議により行われ，このとき遺産分配の具体的な内容を記しておく文書を遺産分割協議書という。この文書は不動産の所有権移転登記を申請する際の「登記原因を証する書面」となるほか，預貯金の名義変更，相続税申告書の必要書類にもなる。

3 遺 言

被相続人は，遺言で遺産分割の方法を定め，またはこれを定めることを第三者に委託することができる（民法908条）。

遺言とは，遺言者の死亡と同時に遺言者の生前の意思表示の効果が発生する法律行為をいう。

一般的に利用されている遺言の種類としては，図表2-1-2の3種類がある。

🔍 参照

遺言は，民法に定める要件を満たした書面（遺言書）で行わなければならず，口頭による意思表示など，民法上の方式に従っていないものは法的に無効である（民法960条）。

●図表2-1-2　遺言の種類

一般的に利用される遺言の種類 ─┬─ 自筆証書遺言
　　　　　　　　　　　　　　├─ 公正証書遺言
　　　　　　　　　　　　　　└─ 秘密証書遺言

重要用語
自筆証書遺言

▶ 1. 自筆証書遺言

　遺言者が全文と日付を自筆で書いて署名押印した（民法改正により財産目録については自書を要しない），最も簡単で人に知られないで済む遺言の方式をいう。

重要用語
公正証書遺言

▶ 2. 公正証書遺言

　遺言者が直接公証役場に出向き，公証人に作成してもらう遺言で，法律的に無効となるおそれのない安全で確実な遺言の方式をいう。

重要用語
秘密証書遺言

▶ 3. 秘密証書遺言

　遺言者は，遺言書に自署押印および封印することで足りるが，ほかに証人２人および公証人の署名押印等を必要とする遺言方式をいう。

4 遺贈とは

　遺贈とは，遺言による財産の贈与をいい，遺言によって財産を与えた人を「遺贈者」，財産を与えられる人のことを「受遺者」という。なお，相続人自身も受遺者になることができる。

　遺贈はその内容によって，図表2-1-3のように２種類に区分できる。

●図表2-1-3　遺贈の種類

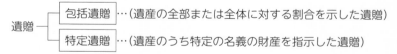

　また，相続税法１条の３第１号では死因贈与を遺贈に含めて規定し，贈与税ではなく相続税の課税対象としている。

　なお，死因贈与については第２編「23　贈与税の性格と納税義務者」の図表２−23−３（贈与の形態）を参照。

5 遺留分とは

被相続人は遺言によって自分の財産を自由に処分することができるが，遺言による財産の処分も無制限な自由が認められているわけではない。つまり，相続人には必ず相続することのできる最低限の相続分があり，それを遺留分という。この遺留分は相続人の生活基盤の保護を根拠としていることから，配偶者，子，直系尊属に認められ，兄弟姉妹には認められていない。

📖 重要用語

遺留分

6 遺留分の割合

● 図表2-1-4　遺留分の割合

法定相続人	遺留分の合計	相続人各人	各人の遺留分
配偶者のみ	$\frac{1}{2}$	配偶者	$\frac{1}{2}$
配偶者と子ども2人	$\frac{1}{2}$	配偶者	$\frac{1}{4}$
		子ども	$\frac{1}{8}$ ずつ
子ども2人	$\frac{1}{2}$	子ども	$\frac{1}{4}$ ずつ
配偶者と父・母	$\frac{1}{2}$	配偶者	$\frac{1}{3}$
		父・母	$\frac{1}{12}$ ずつ
父・母	$\frac{1}{3}$	父・母	$\frac{1}{6}$ ずつ

7 遺留分侵害額の請求

被相続人の贈与や遺贈によって相続人の遺留分が侵害されたときは，遺留分権利者やその承継人は，その遺留分を保全するために遺留分侵害額に相当する金銭の支払いを請求することができる（民法1046条）。

2 | 相続人と相続分

関連過去問題
✎ 2023年3月
問23

1 相 続 人

▶ 1. 相続人の範囲

民法は，相続人になることができる人を図表2-2-1のとおり区分している。

●図表2-2-1　相続人の範囲

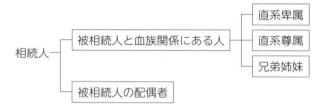

被相続人の配偶者とは，夫からみた妻，妻からみた夫であり，戸籍上も夫婦として記載された者をいうので，内縁の妻には相続権がない。また，配偶者は常に相続人となることができる。

被相続人と血族関係にある人とは

①　子や孫といった直系卑属

②　父母，祖父母といった直系尊属

③　被相続人の兄弟姉妹

であるが，配偶者とは異なり，子を除いて常に相続人となることができるわけではない。

▶ 2. 相続人の順位

配偶者は常に相続人になることができるが，被相続人と血族関係にある人は各々順位があり，最上位順位者のみ相続人になるこ

💡 補足
戸籍上の正式な婚姻届がなされた夫婦の間に生まれた子を嫡出子といい，配偶者以外の女性から生まれた子を非嫡出子という。父親からの相続権を非嫡出子が主張するには，父親が任意に認知するか，裁判所で認知の判決を受けることが必要である（法定相続分は同じ）。

● 図表2-2-2　相続人の順位

順位 \ 相続人	被相続人と血族関係にある相続人	被相続人の配偶者
第1順位	子	
第2順位	直系尊属	配偶者
第3順位	兄弟姉妹	

とができる。配偶者および同順位者が数名いる場合は，すべて同順位者となる。

　被相続人に子がいる場合は，配偶者および子だけに相続権が認められ相続人となる。

　次に，被相続人に子がない場合は，第2順位として直系尊属と配偶者が相続人となる。なお，この場合，父母，祖父母というように親等の異なる人の間では，その近い人が優先的に相続人となる。つまり，父または母のどちらかが生きていれば，祖父母は相続人になることはできない。

　続いて，第1順位の子，第2順位の直系尊属がいない場合には，兄弟姉妹および配偶者が相続人となる。

▶ 3. 代襲相続

　相続人が相続開始以前に死亡していたり，または相続欠格・廃除によって相続権を失ったときには，その相続人の子が親の受けるべき相続分を親に代わって相続することができる。この相続を代襲相続といい，相続した子を代襲相続人という（民法887条2項・889条2項）。このケースを具体例で示すと図表2-2-3，2-2-4のようになる。

● 図表2-2-3　長男が被相続人より先に死亡したケース

```
被相続人 ┌── 長男（死亡）── 孫（代襲相続人）
  ‖ ─────┤
配偶者　　└── 二男
```

図表2-2-3では，長男の子である被相続人からみた孫が代襲相

続人となる。

● 図表2-2-4　兄が被相続人より先に死亡したケース

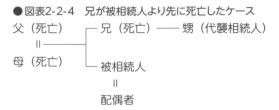

図表2-2-4では，兄の子である被相続人からみた甥が代襲相続人となる。

なお，被相続人より子・孫が先に死亡している場合にひ孫がいる場合は，そのひ孫が相続人になる（民法887条３項）。しかし，兄弟姉妹の場合，甥または姪が被相続人より先に死亡していても，その甥または姪の子は代襲相続人になれない（民法889条２項・887条３項）。

2 相 続 分

相続人が２人以上いる場合に，共同相続人の間でどんな割合によって相続するかという相続割合を相続分といい，この相続分には指定相続分・法定相続分などがある。

▶ 1. 指定相続分

📖 重要用語
指定相続分

被相続人が遺言で共同相続人の相続分を定めたとき，または，これを定めることを第三者に委託したときは，これによって相続分が決められる。この被相続人の意思にもとづく相続分を指定相続分という（民法902条）。

▶ 2. 法定相続分

📖 重要用語
法定相続分

被相続人または第三者による相続分の指定がない場合には，各相続人の相続分は民法900条・901条によって定められている。法定相続分の内容を要約すると図表2-2-5のようになる。

このように，法定相続分は相続人が誰かによって異なる。そこ

● 図表2-2-5　法定相続分

相続人	法定相続分		留意点
子と配偶者の場合	配偶者	$\dfrac{1}{2}$	子が数人あるときは，相続分は均分（頭割り）となる。
	子	$\dfrac{1}{2}$	
配偶者と直系尊属の場合	配偶者	$\dfrac{2}{3}$	直系尊属が数人あるときは，相続分は均分となる。
	直系尊属	$\dfrac{1}{3}$	
配偶者と兄弟姉妹の場合	配偶者	$\dfrac{3}{4}$	① 兄弟姉妹が数人あるときは，相続分は均分となる。 ② 父母の一方を同じくする兄弟姉妹（半血兄弟姉妹）の相続分は，父母の双方を同じくする兄弟姉妹（全血兄弟姉妹）の2分の1となる。
	兄弟姉妹	$\dfrac{1}{4}$	

● 図表2-2-6　法定相続分の具体例

例	各相続人の法定相続分
① 子と配偶者が相続人の場合 被相続人（夫）━長男／長女／二男 ‖ 妻	配偶者……$\dfrac{1}{2}$ 長　男……$\dfrac{1}{2}\times\dfrac{1}{3}=\dfrac{1}{6}$ 長　女……$\dfrac{1}{2}\times\dfrac{1}{3}=\dfrac{1}{6}$ 二　男……$\dfrac{1}{2}\times\dfrac{1}{3}=\dfrac{1}{6}$
② 配偶者と直系尊属が相続人の場合 父‖母━被相続人（夫） ‖ 妻	配偶者……$\dfrac{2}{3}$ 父　……$\dfrac{1}{3}\times\dfrac{1}{2}=\dfrac{1}{6}$ 母　……$\dfrac{1}{3}\times\dfrac{1}{2}=\dfrac{1}{6}$
③ 配偶者と兄弟姉妹が相続人の場合 兄／被相続人（夫）‖妻／妹	配偶者……$\dfrac{3}{4}$ 兄　……$\dfrac{1}{4}\times\dfrac{1}{2}=\dfrac{1}{8}$ 妹　……$\dfrac{1}{4}\times\dfrac{1}{2}=\dfrac{1}{8}$

で簡単な具体例を図表2-2-6として示しておく。

▶ 3. 指定相続分と法定相続分の関係

指定相続分は相続に関する被相続人の意思として，法定相続分に優先して適用され，被相続人が遺留分の規定に違反して相続分を指定しても，指定相続分は無効にならない。遺留分を侵害された相続人には遺留分侵害額請求権という救済措置がある。

重要用語

相続の放棄

3 相続の放棄

相続人は，自己のために相続の開始があったことを知った時から3か月以内に，家庭裁判所で申述すれば相続財産の承継をしないことができる。これを相続の放棄という（民法915条・938条）。

4 相続放棄をした場合の相続分

相続の放棄をすると，放棄した相続人ははじめから相続人とならなかったものとみなされる（民法939条）。つまり放棄した人は，もともといなかったものと同じと考え，相続の順位や相続分が決められる。また，相続の放棄は，代襲相続の原因にもならない。

このため，2人以上いる相続人のなかの1人が相続の放棄をすると，その人はいないものとして相続分の算定をするが，その具体例は図表2-2-7のようになる。

●図表2-2-7　相続放棄した場合の相続分の具体例

例	相続人とその相続分
被相続人（夫） ＝ 妻 ┬ 長男 ├ 二男 └ 長女 （相続の放棄）	配偶者……$\frac{1}{2}$ 長男……$\frac{1}{2}\times\frac{1}{2}=\frac{1}{4}$ 二男……$\frac{1}{2}\times\frac{1}{2}=\frac{1}{4}$

相続放棄をした場合の相続分の算定はとても重要。

直近5回試験の出題頻度 ★☆☆☆☆

3 相続税の意義と相続税の納税義務者

関連過去問題
2023年10月 問23

1 相続税が課税される理由

相続税は，相続や遺贈（死因贈与を含む。以下同じ）により財産を取得した場合に，その取得した人に対し，その取得した財産の価額を課税標準として課される税金である。

なぜ相続税は課されるのかには，「富の再分配」説などがある。

《富の再分配説》

国民は本来経済的には機会均等であることが望ましい。そこで，個人が財産を無償でもらった場合には，財産の一部を国家が税金という形で徴収し，社会に還元することにより，富の集中を抑制するという考え方である。

相続税が課税されるのは，図表2-3-1のとおり相続，遺贈，死因贈与の３つのケースがある。

●図表2-3-1　相続税の課税原因

相続税の課税原因
- 相続による財産の取得
- 遺贈による財産の取得
- 死因贈与による財産の取得

2 贈与税との関係

相続税は，死亡した人の財産を相続や遺贈によって取得した人に対し課税される税金であるが，もし，生きている間に将来相続人となる人などに財産を贈与してしまうと，その人の相続時点で

は財産がなくなってしまい，相続税がまったく課税できなくなる。

　このように，生前に財産を贈与することによって相続税の課税が回避されるのを防ぐために，生前における贈与財産にも税金を課税することとし，財産を贈与によりもらった場合には，そのもらった財産に対し贈与税を課税することとしている。つまり，贈与税は相続税として税金が課税できない部分に対して税金を課税するために設けられているともいえるわけで，そのような意味で贈与税は相続税の補完税であるともいわれている。

3 相続税の納税義務者

　相続税の納税義務者は，次のような類型に属する個人である。なお，例外的に人格のない社団や財団，公益法人も個人とみなされて納税義務者になることもある。

▶ 1. 無制限納税義務者

　無制限納税義務者は，国内国外財産について相続税の課税対象となる。

① 居住無制限納税義務者

　相続または遺贈により財産を取得した個人で，その財産を取得した時において日本国内に住所を有する者。

　　ⓐ　一時居住者でない個人

　　ⓑ　一時居住者である個人（その相続または遺贈に係る被相続人が外国人被相続人または非居住被相続人である場合を除く）

② 非居住無制限納税義務者

　相続または遺贈により財産を取得した個人で，その財産を取得した時において日本国内に住所を有しない者。

　　ⓐ　日本国籍を有する個人で次に掲げる者

　　　・相続または遺贈に係る相続開始前10年以内のいずれかの

補足
社団法人は公益または営利を目的とするものに限られるから，公益も営利も目的としないその中間的な団体は，特別法の規定がない限り法人にはなれない。そこに，人格のない社団の発生する余地がある。学術団体・学友会，町内会・婦人会などがその例となる。

重要用語
無制限納税義務者

時において日本国内に住所を有していたことがある者

・相続または遺贈に係る相続開始前10年以内のいずれかの時において日本国内に住所を有していたことがない者（その相続または遺贈に係る被相続人が外国人被相続人または非居住被相続人である場合を除く）

ⓑ　日本国籍を有しない個人（その相続または遺贈に係る被相続人が外国人被相続人または非居住被相続人である場合を除く）

📖 重要用語

制限納税義務者

▶ 2. 制限納税義務者

制限納税義務者は，国内財産について相続税の課税対象となる。

① 居住制限納税義務者

相続または遺贈により財産を取得した個人で，その財産を取得した時において日本国内に住所を有する者のうち，居住制限納税義務者に該当しない者。

② 非居住制限納税義務者

相続または遺贈により財産を取得した個人で，その財産を取得

● 図表2-3-2　納税義務者制度の分類

被相続人　＼　相続人	国内に住所あり	国内に住所なし		
		一時居住者	日本国籍あり		日本国籍なし
			10年以内に住所あり	10年以内に住所なし	
国内に住所あり					
住所なし　国内に　外国人被相続人					
10年以内に住所あり					
非居住被相続人					
10年以内に住所なし（非居住被相続人）					

☐ 国内国外財産に課税　　☐ 国内財産のみ課税

した時において日本国内に住所を有しない者のうち，非居住制限
納税義務者に該当しない者。

▶ 3．特定納税義務者

　贈与により相続時精算課税の適用を受ける財産を取得した個人
（無制限納税義務者および制限納税義務者に該当する人を除く）。

　特定納税義務者の課税財産の範囲は，相続時精算課税適用財産
である。

第2編

4 | 相続税の課税財産とみなし相続財産

関連過去問題
- 2024年3月 問25
- 2023年10月 問25
- 2022年10月 問25

1 相続税の課税財産

相続や遺贈（死因贈与を含む。以下同じ）によって財産を取得した人は，原則として相続税が課される。相続税の課税価格の計算の基礎となる財産の範囲は，原則として民法上の相続や遺贈でもらった財産であるが（本来の相続財産），相続税法では，そのほか民法上の相続や遺贈でもらった財産ではなくても実質的に相続や遺贈でもらったのと同様の経済的効果があると認められる場合は，課税の公平を図るため，その受けた財産や利益などを相続財産とみなして（みなし相続財産），課税財産に含めることとしている（相3条・4条・7条・8条・9条）。

したがって，相続税の課税対象となる財産は図表2-4-1のように2つに区分される。

● 図表2-4-1　相続税の課税対象財産

相続税の課税対象財産 ─┬─ 本来の相続財産
　　　　　　　　　　　└─ みなし相続財産

2 本来の相続財産

重要用語
本来の相続財産

「本来の相続財産」とは，民法における相続という法律効果によって相続人に承継される財産（遺産）であり，その財産とは金銭に見積もることのできる経済的価値のあるすべてのものをいう。

3 みなし相続財産

「みなし相続財産」とは，民法上の遺産ではないが，相続税法が財産とみなして課税対象にするものをいう。このみなし相続財産の主なものの種類と課税の概要は図表2-4-2のとおりである。

重要用語
みなし相続財産

● 図表2-4-2　みなし相続財産の種類

	種　類	課税対象者	根　拠
相続または遺贈により取得したものとみなされるもの	生命保険金等	保険金等の受取人	相3条1項1号
	退職手当金等	退職手当金等の受取人	相3条1項2号
	生命保険契約に関する権利	保険契約者	相3条1項3号
	定期金給付契約に関する権利	定期金給付契約の契約者	相3条1項4号
	保証期間付定期金受給権	定期金または一時金受取人	相3条1項5号
	契約にもとづかない定期金受給権	定期金受給者	相3条1項6号

これらの「みなし相続財産」のうち比較的重要性の高い「生命保険金等」，「退職手当金等」および「生命保険契約に関する権利」について，以下に説明する。

▶ 1．生命保険金等

① 相続財産とみなされる金額

被相続人の死亡によって取得した生命保険契約の保険金，または偶然な事故に基因する死亡に伴い支払われる損害保険契約の保険金（以下「生命保険金等」という）で，その保険料の全部または一部を被相続人が負担したもののうち，次の算式で計算した金額に相当する部分は相続財産とみなされる。

$$\text{生命保険金等の額} \times \frac{\text{被相続人が負担した保険料の額}}{\text{払込保険料の総額}} = \boxed{\text{相続財産とみなされる金額}}$$

② 生命保険金等の課税関係

第2編

生命保険金等にはいつも相続税が課されるわけではない。この生命保険金等にどのような税が課されるかは，保険料の負担者と保険金の受取人の関係で決まる。これをまとめると図表2-4-3のようになる。

● 図表2-4-3　生命保険金の課税関係

保険料負担者	被保険者	保険金受取人	課税関係
父親	父親	子	子に相続税
母親	父親	子	子に贈与税
子	父親	子	子に所得税 （一時所得）

▶ 2. 退職手当金等

① 退職手当金等の課税

被相続人の死亡により，相続人その他の人が被相続人に支給されるべきであった退職手当金，功労金その他これらに準ずる給与（以下「退職手当金等」という）で，被相続人の死亡後3年以内に支給額が確定したものの支給を受けた場合には，相続税の課税対象となり，3年を経過して支給額が確定したものは一時所得として所得税の課税対象となる。

② 弔慰金の取扱い

被相続人の死亡に伴い，その遺族が受ける香典，花輪代，葬祭料，弔慰金などのうち，雇用主から受けるものについては，原則として相続税が課されない。ただし，弔慰金等であっても，次の金額を超える部分の金額については，退職手当金等に該当するものとして取り扱われる。

区　分	課税されない弔慰金等
業務上死亡	賞与以外の普通給与の年額×3年分
非業務上死亡	賞与以外の普通給与の月額×6か月分

▶ 3. 生命保険契約に関する権利等

　相続開始の時において，まだ保険事故が発生していない生命保険契約で，被相続人が保険料の全部または一部を負担し，かつ被相続人以外の人がその生命保険契約の契約者である場合には，その生命保険契約に関する権利（解約返戻金を受け取る権利）のうち，被相続人が負担した保険料の額に対応する部分の金額を，その保険契約者が相続または遺贈によって取得したものとみなされる。

$$\text{生命保険契約に関する権利の価額} \times \frac{\text{被相続人が負担した保険料の額}}{\text{相続開始の時までの払込保険料の総額}} = \boxed{\text{相続財産とみなされる金額}}$$

　みなし相続財産のうち，特に生命保険金等および退職手当金等が重要。

5 | 相続税の非課税財産

関連過去問題
- 2024年3月
  問23,問25,
  問26
- 2023年10月
  問25
- 2023年3月
  問25
- 2022年3月
  問25

相続財産のうちには，その財産の性質等に照らし社会政策的見地や国民感情等の面から，相続税の課税対象とすることが適当ではないと認められるものがある。これら相続税の非課税財産の種類をまとめると図表2-5-1のようになる。

1 墓所，霊廟および祭具など

墓所，霊廟，墓地および，墓石などのほか，これらに準ずるもの，たとえば，神棚，仏壇，位牌などで日常礼拝の用に供しているものは，相続税が課されない（相12条1項2号）。しかし，これらのものを商品，骨とう品または投資目的で所有していたものは，これには含まれない。

2 公益事業者が取得した公益事業用財産

宗教，慈善，学術その他公益を目的とする事業を行う人で一定の要件に該当する人が，相続や遺贈により取得した財産を，その公益事業の用に供した場合には，相続税が課税されない（相12条1項3号）。

しかし，その人が親族その他特別な関係のある人に特別な利益を与える場合や，人格のない社団・財団にあって公益性が低い場合などは除かれる。

また，その財産をもらった人が，その財産を相続や遺贈によってもらった日から2年を経過した日において，なお，公益事業の用に供していない場合には，その財産の価額は遡って，その人の

補足
一定の要件に該当する人とは，社会福祉事業，更生保護事業，学校教育法1条による学校を設置し運営する事業，その他の宗教，慈善，学術その他公益を目的とする事業で，その事業活動によって文化の向上，社会福祉への貢献その他公益の増進に寄与することが著しいと認められる事業を行う人をいう。

相続税の課税価格に算入されることになっている（相12条2項）。

●図表2-5-1　相続税の非課税財産の範囲

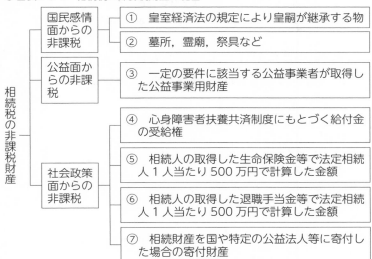

3　生命保険金のうち一定額

　被相続人の死亡により，相続人が受け取った生命保険金や損害保険金のうち，被相続人が負担した保険料に係る部分は，次の金額を限度として非課税となる。

$$500万円 \times 法定相続人の数^{(注)} = \boxed{非課税限度額}$$

①　すべての相続人が取得した生命保険金の合計額が，上記の非課税限度額以下である場合…その相続人の取得した生命保険金の額

②　すべての相続人が取得した生命保険金の合計額が，上記の非課税限度額を超える場合

$$非課税限度額 \times \frac{その相続人が取得した保険金の額}{すべての相続人が取得した保険金の合計額} = \boxed{その相続人の非課税額}$$

（注） 法定相続人の数とは，相続人に相続放棄した人がいる場合には，その放棄した人を含め，法定相続人に養子がいる場合には，その養子の数を１人（実子がいる場合）または２人（実子がいない場合）に限定した相続人の数をいう。

なお，相続放棄をした人，相続権を失った人が受け取った保険金については，この非課税の適用はないことに留意する。

（設例）
　子Ａが受け取った死亡保険金3,000万円につき，相続税の課税価格に算入される金額はいくらか。

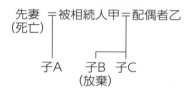

① 子Ａ，子Ｂ，子Ｃは，甲の死亡により，甲が負担していた生命保険契約の死亡保険金をＡ，Ｂは各3,000万円，Ｃは2,000万円受け取っている。
② 子Ｂはこの相続を放棄している。

（解答）
① 保険金の非課税金額
　　500万円×４（法定相続人の数）＝2,000万円
　（注） 子Ｂは相続を放棄しているが，法定相続人の数には含まれる。
② すべての相続人の取得した保険金の合計額
　　3,000万円＋2,000万円＝5,000万円
　（注） 子Ｂは，相続を放棄しているので相続人ではない。
③ 子Ａの非課税金額

$$2{,}000万円 \times \frac{3{,}000万円}{5{,}000万円} = 1{,}200万円$$

④　子Aの保険金3,000万円につき，相続税の課税価格に算入される金額

　　3,000万円−1,200万円＝1,800万円

4　退職手当金等のうち一定額

　被相続人の死亡により，相続人に支給される死亡退職金等のうち，次の金額を限度として非課税となる。

$$500万円 \times 法定相続人の数^{(注)} = \boxed{非課税限度額}$$

①　すべての相続人が取得した退職手当金等の合計額が上記の非課税限度額以下である場合……その相続人の取得した退職手当金等の額

②　すべての相続人が取得した退職手当金等の合計額が上記の非課税限度額を超える場合

$$\begin{matrix}非課税 \\ 限度額\end{matrix} \times \frac{その相続人が取得した退職手当金等の額}{すべての相続人が取得した退職手当金等の合計額} = \boxed{\begin{matrix}その相続人 \\ の非課税額\end{matrix}}$$

（注）　法定相続人の数とは，相続人に相続放棄した人がいる場合には，その放棄した人を含め，法定相続人に養子がいる場合には，その養子の数を1人（実子がいる場合）または2人（実子がいない場合）に限定した相続人の数をいう。

　なお，法定相続人の範囲，および相続放棄をした人または相続権のない人が受け取った退職手当金等について非課税の適用がないことは，生命保険金における取扱いと同じである。

5 国・地方公共団体等に寄付した財産

　相続や遺贈によって財産を取得した人が，その相続や遺贈で取得した財産を相続税の申告書の提出期限までに国，地方公共団体，認定特定非営利活動法人，特定の公益法人または特定公益信託の信託財産とするために贈与した場合には，その贈与財産の価額は相続税の課税価格に算入されない。

　ただし，その贈与によって贈与者またはその親族の相続税や贈与税が不当に減少すると認められるときは非課税とはならない。

理解度チェック

❶ 相続財産である土地で，相続税の申告書の提出期限までに国に寄付したものは，相続税の非課税財産となる。

❷ 相続人の取得した生命保険金において，法定相続人1人当たり1,000万円で計算した金額は，相続税の非課税財産となる。

❸ 被相続人が生前に購入した墓地は，相続税の非課税財産となる。

解答 ❶ ○
　　　 ❷ × 　法定相続人1人当たり，500万円で計算する。
　　　 ❸ ○

6 債務控除と葬式費用

1 債務控除とは

　相続または遺贈（包括遺贈および被相続人からの相続人に対する遺贈に限る。以下本項目において同じ）により財産を取得した人が，その相続または遺贈により財産を取得した時に日本国内に住所を有している場合などでは，その相続または遺贈により取得した財産の全部について納税の義務があるが，その財産のうちには消極財産，つまり被相続人の債務も含まれる。よって，その人の相続税の課税価格の計算上，①被相続人の債務で相続開始の際，現に存するもの，②被相続人にかかる葬式費用のうち，その人の負担に属する部分の金額が債務控除として控除することができる。この控除ができる人は，相続人および包括受遺者に限られ，相続放棄をした人，相続権を失った人，特定遺贈を受けた人は対象にならない。

2 無制限納税義務者等と制限納税義務者等の債務控除

　控除される債務の範囲について整理するためには，無制限納税義務者と制限納税義務者の別に，特定納税義務者を考慮して違いを明確にすることが理解しやすいので，図表2-6-1のようにまとめる。

● 図表2-6-1　債務控除の範囲

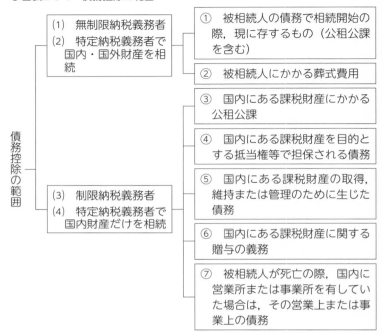

3　控除できる債務の金額

　制限納税義務者等は，葬式費用が認められず，課税財産の範囲の関係から，主に国内の課税財産に直接かかわる債務が控除対象になっている。つまり，被相続人の債務で図表2-6-1の③，④，⑤，⑥，⑦のうちその人の負担に属する部分に限られる。

　無制限納税義務者等が控除できる債務の金額は，被相続人の債務で相続開始の際に現に存するものと認められるものに限られる（このため，遺産分割手続の際に支払う弁護士費用，相続税申告等に支払う税理士費用は債務控除できない）。この場合は，必ずしも書面による証拠があることを必要としない。また，債務の金額が確定していなくても債務のあることが確実と認められるものにつ

いては，相続開始当時の現況によって確実であると認められる範囲の金額を差し引くことができる。

債務には，借入金や未払金などのほか，公祖公課で被相続人の死亡の際納税義務の確定しているもの，および被相続人の死亡後相続税の納税義務者（相続人，包括受遺者）が納付し，または徴収される被相続人の所得税，相続税，贈与税，登録免許税などが含まれる。また道府県民税，固定資産税および市町村民税のように地方税法に賦課期日の定めのある地方税については，その期日において納税義務が確定したものとして取り扱われる。

また，無制限納税義務者等は葬式費用を控除することができる。

なお，制限納税義務者等および無制限納税義務者等のいずれについても，相続税が非課税とされる財産の取得，維持または管理のために生じた債務，たとえば被相続人が生存中に贈入した墓碑の未払代金などは，債務控除の対象にならない。

補足

公祖公課—被相続人の死亡した年分については，相続開始後4か月以内に相続人が所得税の確定申告（「準確定申告」）をすることになっているが，その申告により納付する所得税は，相続税で債務控除の対象となる。また，固定資産税，道府県民税，市町村民税は，その年1月1日を賦課期日として課税されるが，債務控除の適用上は，その賦課期日に納税義務が確定したものとして取り扱われる。

4　葬式費用の原則的取扱い

無制限納税義務者等である相続人または包括受遺者が被相続人にかかる葬式費用を負担した場合には，その負担に属する部分が債務控除として，その相続または遺贈により取得した財産の価額から控除することができる。

なお，相続放棄した人でも，実際に葬式費用を負担した場合には，その負担した金額を債務控除できる。

5　葬式費用の範囲

葬式の行い方は宗教や地域ごとの慣習によってかなり異なっており，費用の中味もそれに応じていろいろなものが計上されている。したがって，どのような費用が葬式費用となるのかが実務上問題となる。

補足

葬式費用のなかには，お寺へのお布施などのように領収証がとれない費用もたくさんあるが，出納メモなどで支出が確認できれば控除できる。

●図表2-6-2　葬式費用の範囲

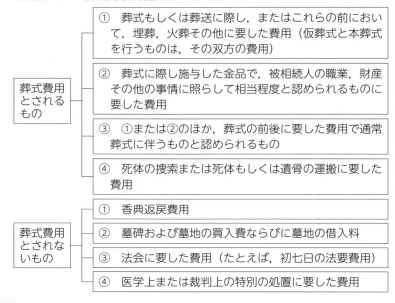

そこで，相続税の取扱いでは，図表2-6-2のような基準を示し，債務控除の対象になる葬式費用と控除できないものに区分している。

6 香典の取扱い

香典は，葬式費用の一部を負担し，喪家の負担を軽くするという相互扶助の精神にもとづく慣行に根ざしていると考えられる。

そこで，社会通念上相当と認められる金額の香典は，相続財産ではなく相続税の課税対象にもされないので，相続税の課税価格計算上は香典をいっさい関係させないで取り扱うことになっている。したがって，葬式費用から香典を差し引く必要もないが，その代わり，その香典返しのために要した金品の額は，葬式費用に含めないこととして取り扱われる。

債務控除の具体例，葬式費用および香典の取扱いはしっかり学習しよう。

理解度チェック

① 葬式に際し埋葬に要した費用は，葬式費用として控除できる。

② 葬式に際し施与した金品で，相当程度と認められるものは，葬式費用として控除できる。

③ 香典返戻費用は，葬式費用として控除できる。

解答 ① ○
② ○
③ × 葬式費用とされない。

7 | 相続開始前の受贈財産

関連過去問題
- 2023年10月
  問23
- 2023年3月
  問26
- 2022年10月
  問23

1 相続開始前7年以内の暦年贈与財産

　相続や遺贈で財産を取得した人が，その相続開始前7年以内（改正前は3年以内）にその相続に係る被相続人から暦年贈与で財産を取得した場合には，その贈与財産の価額（その財産のうちに相続開始前3年以内に贈与により取得した財産以外は，その財産の価額の合計額から100万円を控除した残額）を相続税の課税価格に加算する。

《改正後のイメージ》

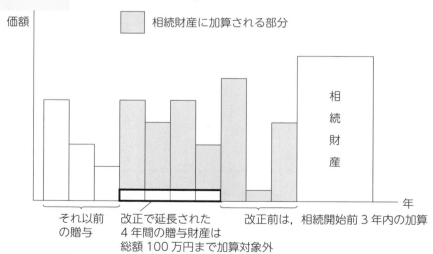

《加算対象期間について》

　改正により，令和6年1月1日以後に贈与により取得する財産に係る相続税について適用される。

贈与の時期		加算対象期間
～令和5年12月31日		相続開始前3年間
令和6年1月1日～	贈与者の相続開始日	
	令和6年1月1日～令和8年12月31日	相続開始前3年間
	令和9年1月1日～令和12年12月31日	令和6年1月1日～相続開始日
	令和13年1月1日～	相続開始前7年間

　加算する贈与財産の価額は，原則として贈与時の価額で計算される。

　これは，相続税が被相続人によって一生の間に蓄積された財産が相続を機会に清算的に課税するのに対して，被相続人が，生前に贈与した財産も蓄積された財産の一部であり，相続時の財産に加えて課税しないと一生の間に蓄積された財産に対して清算ができないことになる。

　そこで，生前贈与財産を相続税の課税価格に加算する制度が設けられているのであり，理論的には相続開始前のすべての贈与財産を対象とすべきである。

　しかし，すべての贈与を把握するのは不可能であるとともに，贈与時には贈与税を課されていることから，現行制度では，相続開始前7年以内の贈与に限定したのである。

2　相続時精算課税の選択をした贈与財産

　死亡した特定贈与者（相続時精算課税の選択に係る贈与者をいう）からの贈与により取得した財産の価額は，相続財産に加算する。

　改正によって令和6年1月1日以後にその特定贈与者からの贈与により取得した財産の価額は，基礎控除額110万円を控除した後の残額をその特定贈与者の相続財産に加算することとなった。

📖 重要用語

特定贈与者

第2編

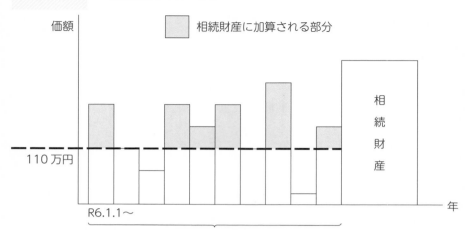

《改正後のイメージ》

価額 　　　　　☐ 相続財産に加算される部分

110万円

R6.1.1〜

相続財産

年

その特定贈与者からの贈与につき，精算課税選択後の贈与

3 相続時に財産を取得していない場合

　この相続開始前7年以内の暦年贈与財産の加算制度は，相続または遺贈により財産を取得した人が，その被相続人から生前7年以内に財産の贈与を受けた場合に限り適用されるものである。したがって，生前7年以内に財産の贈与を受けていても，相続開始時において相続または遺贈により財産を取得していなければ対象にならない。

　また，被相続人以外の人から贈与を受けた財産についても加算されることはない。

　この「相続または遺贈により財産を取得した人」には，本来の相続または遺贈により財産を取得した人のほか，相続税法による相続または遺贈により財産を取得したものとみなされる人も含まれることになる。なお，相続時精算課税の適用を受けた贈与財産は，相続または遺贈により財産を取得していない人でも相続税の課税価格に加算される。

4 加算されない財産

被相続人から生前に贈与された財産であっても，図表2-7-1の
財産は加算する必要はない。

● 図表2-7-1　加算されない財産

加算され ない財産	①	特定贈与財産
	②	贈与税が非課税とされる財産（直系尊属から贈与を受けた住宅取得資金や，一括贈与を受けた教育資金などのうち，非課税の適用を受けたもの）
	③	特定障害者扶養信託契約にもとづく贈与により取得した信託受益権の価額のうち非課税とされる金額

補足

特定贈与財産とは，婚姻期間が20年以上である配偶者が，居住用財産の贈与を受け，この贈与について配偶者控除（2,000万円）の特例を受けたもの。なお，相続開始の年に贈与された場合でも，配偶者がそれ以前に配偶者控除を受けていない場合は，所定の要件を満たせば特定贈与財産となる。

5 贈与税額控除

相続開始前7年以内の贈与財産の価額を相続税の課税価格に加
算する規定の適用を受けて，加算された贈与財産については，そ
の贈与を受けた年に贈与税が課税されているものがある。そこで，
同一財産について相続税と贈与税が二重課税されるのを防ぐため，
その贈与財産について贈与税が課税されているときは，その人の
算出相続税額から，その財産にかかる贈与税額（本税だけで延滞
税や加算税を除く）として控除することができる（相19条）。

なお，相続時精算課税財産に係る贈与税相当額は相続税額から
控除し，控除しきれない金額は還付される（暦年課税贈与に係る
控除しきれない金額は還付されない）。

第2編

8 | 宅地の評価

関連過去問題
- 2024年3月
  問32, 問34
- 2023年3月
  問33, 問34
- 2022年10月
  問33
- 2022年3月
  問34

1 評価の原則

　相続税および贈与税における財産評価は，その財産を取得した時（これを課税時期という）における時価によることとされている。

　この場合の時価は，課税時期において，それぞれの財産の現況に応じ不特定多数の当事者間で自由な取引が行われる場合に通常成立すると認められる価額をいうものとされている。

　時価の意義についてはこのように考えることができるが，このような時価をすべての相続税および贈与税に関する課税財産に適用することは不可能に近い。そこで，実務上は，財産の種類に応じた具体的な評価基準が必要となり，図表2-8-1のように2つに区分されている。

●図表2-8-1　財産の評価基準

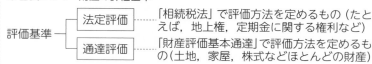

2 土地の評価

▶ 1. 評価上の区分

　土地の評価は，地目別（宅地，田，畑，山林，原野，牧場，池沼，鉱泉地，雑種地）に評価する。

　この場合の地目は，土地登記簿上に記載されている地目でなく，

課税時期における土地の現況によって判定する。

▶ 2. 地　　　積

地積（面積）は，課税時期における実際の面積による。固定資産税評価額倍率方式により評価する場合は，固定資産税課税上の地積と実際の地積と異なるときは，次の算式により計算する。

$$\boxed{評\ 価\ 額} = \frac{固定資産}{税評価額} \times \frac{実際の面積}{固定資産税課税上の地積} \times 評価倍率$$

▶ 3. 土地の上に存する権利

土地の上に存する権利は，地上権，永小作権，借地権，耕作権，温泉権，賃借権などの別に評価する。なお，使用貸借により貸し付けられている土地および借地権は，すべて自用地または自用の借地権として評価される。

3 宅地の評価

▶ 1. 評価単位

宅地の価額は，図表2-8-2のように実際の利用の単位となっている1画地の宅地ごとに評価する。

●図表2-8-2　評価宅地の判断

一画地とは利用の単位となっている画地をいい，必ずしも一筆の宅地とは限らない。

①所有する一筆の土地は，A 自宅敷地，B 賃貸アパートの敷地として使用している。

②所有する二筆の土地は自宅敷地として使用している。

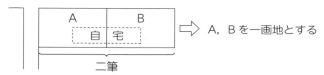

③所有する一筆の土地は A，B それぞれに建っている賃貸アパートの敷地として利用している。

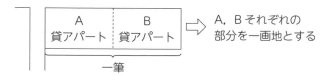

利用の単位とは
- ・自用地（自分で使用している宅地）
- ・貸宅地（建物を建てる目的で賃貸している宅地）
- ・借地権（建物を建てる目的で借りている宅地）
- ・貸家建付地（貸家の敷地となっている宅地）

▶ 2.　評価方法

宅地の評価方法は，図表2-8-3のように 2 つに区分される。

●図表2-8-3　宅地の評価方法

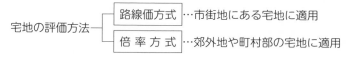

● 図表2-8-4　路線価の調整計算

調整計算の種類	内　容
ⓐ　奥行価格補正	奥行の長い宅地は道路から離れるほど利用価値が減ずるため，路線価に「奥行価格補正率」をかけて路線価を修正する。
ⓑ　側方路線影響加算	角地にある宅地は，一方のみに路線がある宅地より利用価値が高いのが通常であるため，評価上も「側方路線影響加算率」を使って路線価を引き上げる。
ⓒ　二方路線影響加算	表面と裏面が道路に面している宅地は通常の宅地より利用価値が高いため，「二方路線影響加算率」を使って路線価を引き上げる。
ⓓ　不整形地補正	形状が著しく不整形の宅地（含三角地）は，上記ⓐからⓒまでによって計算した価額にその形状に応じた「不整形地補正率」を乗じて計算した価額で減額評価する。

① 路線価方式

　主として市街地にある宅地の評価に用いられる。道路に接する宅地の価額がおおむね同一と認められる部分ごとに定められた路線価をもととし，評価しようとする宅地の奥行の長短，形状の良否などの画地条件に応ずる調整計算をして，その宅地の価額を求める方式をいう。この路線価は，その宅地が標準的な画地を前提に評価した価額であるが，現実の宅地はそんな標準的なものばかりではないので，それぞれの立地条件や形状などの画地条件に応じて，図表2-8-4のような調整計算をすることになっている。

② 倍率方式

　主として町村部にある宅地の評価に用いられる。固定資産税の評価額と時価との乖離がおおむね同一と認められる地域ごとに定められた評価倍率を，評価しようとする宅地の固定資産税評価額に乗じて評価額を算出する方式をいう。

重要用語
路線価方式

重要用語
倍率方式

第2編

▶ 3. マンション一室の評価額

《居住用の区分所有財産の評価》

　マンションの相続税評価額と実勢価格に大きな差が生まれており，評価の見直しが行われた。

　令和6年1月1日以後に相続，遺贈または贈与により取得した財産については，従来の評価額に一定の区分による区分所有補正率を乗じて計算する。

> 居住用の区分所有財産の価額＝建物部分の価額（固定資産税評価額× 1.0 ×**区分所有補正率**）＋ 敷地部分の価額（敷地全体の価額×敷地権割合×**区分所有補正率**）

《参考》

（区分所有補正率）

区分			区分所有補正率
	評価水準	＜　0.6	評価乖離率　×　0.6
0.6　≦	評価水準	≦　1	補正なし　　（従来の評価額で評価）
1　＜	評価水準		評価乖離率

（評価乖離率）

A＋B＋C＋D＋3.220

A：一棟の区分所有建物の築年数×▲0.033

B：一棟の区分所有建物の総階数指数×0.239

C：一室の区分所有権等に係る専有部分の所在階×0.018

D：一室の区分所有権等に係る敷地持分狭小度×▲1.195

（評価水準）

1÷評価乖離率

4　借地権の評価

📖 重要用語

借地権

　借地権とは，借地借家法において建物の所有を目的とする地上権および賃借権をいい，建物以外の工作物の所有を目的とする地

上権・賃借権（たとえば駐車場など）は該当しない。また，親子間の土地の無償による使用貸借契約にもとづくものも含まれない。

　したがって，借地権は法的な保護のもとに財産価値が生じ，借地権自体が取引の対象とされており，その評価方式は次のとおりである。

> 借地権の評価額 ＝自用地の価額×借地権割合

　ただし，借地権の設定に際して，その設定の対価として通常権利金その他の一時金を支払うなど，借地権の取引慣行があると認められる地域以外の地域にある借地権の価額は評価しない。

5　貸宅地・貸家建付地の評価

▶ 1. 貸 宅 地

　貸宅地とは，借地権の目的となっている宅地をいう。そこで，その評価は次のように自用地の評価額から借地権の評価額を控除したものとなる。

> 貸宅地の評価額 ＝自用地の価額×（1－借地権割合）

▶ 2. 貸家建付地

　貸家建付地とは，貸家の敷地となっている宅地をいう。

　つまり，貸宅地とは建物が所有である点で異なる。貸家建付地には，建物に借家人がいるだけであり，その評価は次のように自用地の評価額から，その宅地にかかる借地権割合と借家権割合および貸家の賃貸割合との相乗積を宅地の価額に乗じて計算した金額を控除したものとなる。

> 貸家建付地の評価額 ＝自用地の価額×（1－借地権割合×借家権割合×賃貸割合）

重要用語
貸宅地

重要用語
貸家建付地

第2編

6 私道の評価

私道の評価額 ＝自用地の価格×30％

借地権・貸宅地・貸家建付地の評価式はしっかり理解して覚えよう。

9 | 小規模宅地等の課税価格の計算の特例

事業の重要な要素となる土地または生活の基盤となる土地について，他の土地と同じように課税すると相続税を納税するためにこれらの土地を処分しなければならない場合が生じるため，こういった生活上必要不可欠な土地については特別な配慮が必要となる。そこで，被相続人または被相続人と生計を一にしていた親族が事業の用もしくは居住の用に供していた宅地等のうち相続人等が選択した図表2-9-1の限度面積までの部分（小規模宅地等）については，「8　宅地の評価」**3**により評価した価額に次の割合（1−減額率）を乗じて計算した金額で評価される。なお，相続開始前3年以内に贈与により取得した宅地等や相続時精算課税に係る贈与により取得した宅地等については，この特例の適用を受けることができない。

関連過去問題
- 2023年10月 問27
- 2022年10月 問27
- 2022年3月 問26

● 図表2-9-1　小規模宅地等の面積と減額率

宅地の種類		適用対象面積	減額率
特定事業用宅地等	ⓐ	400 m²	80%
特定同族会社事業用宅地等	ⓑ	400 m²	80%
特定居住用宅地等	ⓒ	330 m²	80%
貸付事業用宅地等	ⓓ	200 m²	50%

1 適用対象地の内容

減額率は80%と50%の2通りあり，どのような宅地が80%減額の対象になるかが重要なため，その主な要件をまとめると次のようになる。

① 事業用宅地（不動産貸付けの用に供されていた宅地は除く）

  ⓐ 相続人が相続税の申告期限までに被相続人の事業を引き継ぎ，申告期限までその宅地を有し，かつ，事業を営んでいる場合……80％減額

  ⓑ 被相続人と生計を一にしていた親族が申告期限まで引き続きその宅地を有し，かつ，自己の事業の用に供している場合……80％減額

② 居住用宅地

  ⓐ 配偶者が取得した場合……80％減額

  ⓑ 被相続人と生計を一にしていた親族が，申告期限まで引き続きその宅地を有し，かつ，自己の居住の用に供している場合……80％減額

③ 特定同族会社の事業用宅地等

 被相続人等の有する株式総数が発行済株式総数の50％超である同族会社の事業の用に供されていた宅地等を，取得した被相続人の親族が申告期限まで引き続きその宅地を所有し，かつ，その同族会社の事業の用に供されている場合……80％減額

 なお，貸付事業用宅地等の範囲から，相続開始前３年以内に貸付事業の用に供された宅地等は原則50％の減額率が適用されない。

 この小規模宅地等の評価減は，相続税の申告書の提出期限までに共同相続人等によって遺産分割されていない宅地等には適用されない。ただし，原則として，申告期限から３年以内に分割された場合は適用が認められる。

2　限度面積の判定（図表2-9-1参照）

① 特定事業用宅地等（ⓐまたはⓑ）を選択する場合，または特定居住用宅地等（ⓒ）を選択する場合

（ⓐ ＋ ⓑ）≦ 400m²であること。また，ⓒ ≦ 330m²であること。

したがって，特定事業用宅地等（ⓐまたはⓑ）および特定居住用宅地等（ⓒ）を選択した場合には最大730m²まで適用することができる。

② 貸付事業用宅地等（ⓓ）およびそれ以外の宅地等（ⓐ，ⓑまたはⓒ）を選択する場合

（ⓐ ＋ ⓑ）× $\frac{200}{400}$ ＋ ⓒ × $\frac{200}{330}$ ＋ ⓓ ≦ 200m²であること。

①，②より，貸付事業用宅地等が選択されると自動的に②の調整計算をすることになる。

3 計算例

●図表2-9-2　普通住宅地区における整形地の計算例

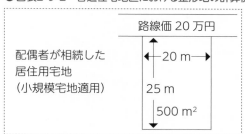

① （路線価）　（奥行価格補正率）　（1m²当たり評価額）
200,000円 ×　　　0.97　　　＝　　194,000円

② （1m²当たり評価額）　（地積）　（自用地評価額）
194,000円　× 500m² ＝ 97,000,000円

③ 小規模宅地評価減適用　　　　┌居住用の減額は330m²まで┐

（評価額）　　（減額される金額）　　　　　　　　　（宅地評価額）
97,000,000円 － 97,000,000円 × $\frac{330m²}{500m²}$ × 80％ ＝ 45,784,000円

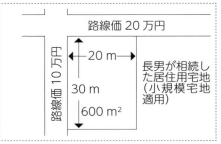

● 図表2-9-3 普通住宅地における角地の計算例

2つの路線に面している
場合は価値が上げ

角地である宅地で2つの路線に面しているとき

　　　　（正面路線価）　（奥行価格補正率）　（補正後の正面路線価）
①　　200,000円　×　　0.95　　＝　　190,000円

　　　　（側方路線価）　（奥行価格補正率）　側方路線　（加算金額）
　　　　　　　　　　　　　　　　　　　影響加算率
②　　100,000円　×　　1.00　　×　　0.05　＝　5,000円

　　　　①　　　　　②　　　（1m²当たりの評価額）
③　　190,000円＋5,000円＝　　195,000円

　　　　（1m²当たり評価額）　（地積）　（自用地評価額）
④　　　195,000円　　×600m²＝117,000,000円

⑤　小規模宅地評価減適用

$$117,000,000円 - 117,000,000円 \times \frac{330m^2}{600m^2} \times 80\% = 65,520,000円$$

（注1）　正面路線価とは，路線価に奥行価格補正率を乗じて算出
　　　　した評価額のうち高い方の路線価をいう。

（注2）　間口の狭小な画地，または間口が狭く奥行が長い画地に
　　　　ついては，間口狭小補正率表または奥行長大補正率表によ
　　　　る補正率を乗じて評価額を計算する。

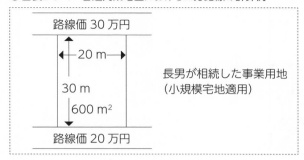

● 図表2-9-4　普通商業地区における二方路線の計算例

路線価 30 万円

←20 m→

30 m

600 m²

長男が相続した事業用地
（小規模宅地適用）

路線価 20 万円

（正面路線価）　（奥行価格補正率）
① 　300,000円 × 　　　1.00 　　　＝300,000円

裏面に路線
があるとき

（裏面路線価）〔奥行価格補正率〕〔二方路線影響加算率〕（加算額）
② 　200,000円 × 　1.00 　× 　0.05 　＝10,000円

　　　①　　　　　②　　　（1 m²当たり評価額）
③ 　300,000円 + 10,000円 = 　　310,000円

（1 m²当たり評価額）　（地積）　（自用地評価額）
④ 　　310,000円 　×600m² = 186,000,000円

⑤ 　小規模宅地適用後の評価額

事業用地の減額
は400m²まで

$$186,000,000円 - 186,000,000円 \times \frac{400m^2}{600m^2} \times 80\% = 86,800,000円$$

（図表2-9-3）と（図表2-9-4）の両方の宅地等を長男が相続した場合，小規模宅地等の特例を適用すると

$$(117,000,000円 - 117,000,000円 \times \frac{330m^2}{600m^2} \times 80\%) +$$

$$(186,000,000円 - 186,000,000円 \times \frac{400m^2}{600m^2} \times 80\%) =$$

152,320,000円（Ⓐ）

このように，**2** 限度面積の判定①特定事業用宅地等（ⓐまたはⓑ）を選択する場合，または特定居住用宅地等（ⓒ）を選択する場合を最大限に適用すると

（図表2-9-3，2-9-4，自用地評価額）117,000,000円＋186,000,000円＝303,000,000円（Ⓑ）

（Ⓑ－Ⓐ）303,000,000円－152,320,000円＝150,680,000円も評価を下げることができる。

計算例を通して宅地の評価および小規模宅地等の課税価格の計算の特例を理解しよう。

また，未分割の財産についてはこの規定が適用できないので注意しよう。

10 | 上場株式等の評価

1 株式評価の区分

関連過去問題
2023年10月
問34

　株式および株式に関する権利の価額は，銘柄の異なるごとに図表2-10-1の区分により評価する。

●図表2-10-1　株式評価の区分

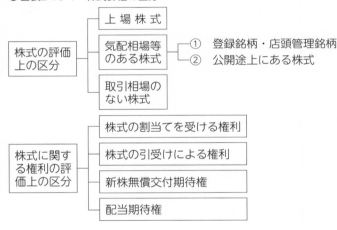

2 上場株式

　上場株式とは証券取引所に上場されている株式をいい，その評価は，次のうち最も低い価額により評価する。

① 課税時期における最終価格
② 課税時期の属する月の毎日の最終価格の月平均額
③ 課税時期の属する月の前月の毎日の最終価格の月平均額
④ 課税時期の属する月の前々月の毎日の最終価格の月平均額

第2編

課税時期に取引が行われなかったため，その日の取引価格がない場合は，課税時期の前日以前の最終価格または翌日以後の最終価格のうち，課税時期に最も近い日の最終価格となる。

なお，負担付贈与または個人間の対価を伴う取引により取得した株式の価額は，課税時期の最終価格のみによって評価する。

3 　気配相場等のある株式

▶ 1.　登録銘柄・店頭管理銘柄

登録銘柄とは日本証券業協会の内規によって登録銘柄として登録された株式をいい，店頭管理銘柄とは同協会の内規によって店頭管理銘柄として指定されている株式をいう。これらの評価は，次のうち最も低い価額により評価する。

① 　課税時期における取引価格

② 　課税時期の属する月の毎日の取引価格の月平均額

③ 　課税時期の属する月の前月の毎日の取引価格の月平均額

④ 　課税時期の属する月の前々月の毎日の取引価格の月平均額

なお，負担付贈与または個人間の対価を伴う取引により取得した登録銘柄および店頭管理銘柄の価額は，課税時期の取引価格のみによって評価する。

▶ 2.　公開途上にある株式

上場等の日の約 1 か月前の公表日から上場等の日までの公開途上にある株式は，公募等が行われるものはその株式の公募価格，公募等が行われない場合は，課税時期以前の取引価格等を勘案して個別に評価する。

4 　株式の割当てを受ける権利

株式の割当てを受ける権利とは増資の場合の株式の割当基準日の翌日から株式の割当ての日までの間における株式の割当てを受

ける権利をいう。

　この株式の割当てを受ける権利の価額は，旧株のいわゆる権利落ちの価額に相当する金額から，その割当てを受けた株式1株につき払い込むべき金額を差し引いた残額によって評価するが，理解しやすいように計算例を示しておく。

《計算例》

（前提条件）

・旧株1株に対する割当てを受けた株式：1株

・旧株の価額：1,000円

・割当てを受けた株式につき払い込むべき金額：500円

（旧株の新株落ちの価額に相当する金額）

$$\frac{1{,}000円+500円\times1（割当株式数）}{1（旧株）+1（割当株式数）} = 750円$$

（株式の割当てを受ける権利の価額）

750円－500円＝250円

11 | 取引相場のない株式の評価

関連過去問題
📄 2024年3月
問33
📄 2022年3月
問33

1 評価方法の種類

　取引相場のない株式は，取引があったとしてもごく限られた特殊関係者の間で行われた場合が多く，取引回数も少ないのが普通であるから，その取引された価格を評価上の時価とすることはできない。また，取引相場のない株式の発行会社は，その規模および株式の分布状況もさまざまとなっている。

　そこで，株式の評価方法もその実態を少しでも反映すべく，会社の規模および株式の取得者の会社への支配力などに応じて，次の異なった評価方法を採用している。

　①　類似業種比準価額方式

　②　純資産価額方式

　③　①と②の併用方式

　④　配当還元方式

　４つの評価方法のうちどれか１つを適用することになるのであるが，その際，「株主の区分」と「会社の規模」の２つの判定が必要となる。その適用関係の概要を示すと図表2-11-1のようになる。

　この図では，まず第一に株主の区分が必要であり，「同族株主」であれば「原則的評価」を，「非同族株主」であれば「特例的評価」を採用することになる。「同族株主」の場合には，「一般の評価会社」か「特定の評価会社」のどちらに該当するかにより評価方法が異なり，さらに「一般の評価会社」の場合には，「会社の規

● 図表2-11-1　取引相場のない株式の評価

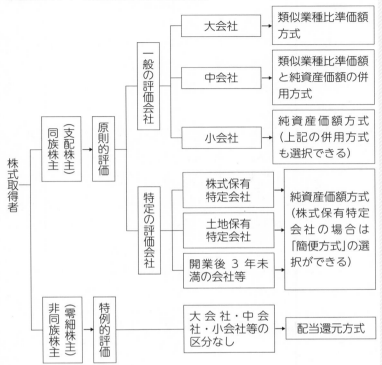

模」の違いにより評価方法が異なる。

2　株主の区分判定

　同族株主に該当するか非同族株主に該当するかは，株式を取得した人の持株割合とその人の親族全体の持株割合などにより判定される。この区分はやや複雑であり，多くの場合，株式の取得者がオーナー一族の場合は同族株主となり，従業員であれば非同族株主に該当するであろう。

3　会社の規模別区分の判定

　図表2-11-1にあるように会社の規模を表わす「大会社」，「中

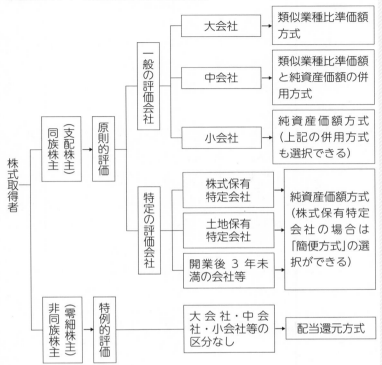第2編

会社」，「小会社」によって評価方法が異なってくる。その区分は
図表2-11-2のようになる。

　会社の規模別区分について「業種」，「従業員数」，「総資産価額
（帳簿価額）」と「取引金額」により区分することになっている。

　第1に，従業員数が70人以上であれば，他の条件に関係なく
「大会社」となる。

　第2に，従業員数が70人未満の場合は，業種別に（「卸売業」，
「小売・サービス業」，「卸売業，小売・サービス業以外」）その会
社の従業員数を加味した総資産価額と取引金額とによって区分す
ることになる。「総資産価額および従業員数」による会社規模と
「取引金額」による会社規模が異なるときは，上位ランクの会社と
する。

　なお，「中会社」の場合は，その規模によって，「中会社の大」，
「中会社の中」，「中会社の小」に分かれる。

4 原則的評価方式

重要用語
類似業種比準価
額方式

▶ 1．類似業種比準価額方式

　事業内容が類似する複数の上場会社の株価ならびに1株当たり
配当金額，利益金額，純資産額をもとに次の算式で計算する。

$$1 株当たり類似業種比準価額 = A \times \left[\frac{\dfrac{\text{Ⓑ}}{B} + \dfrac{\text{Ⓒ}}{C} + \dfrac{\text{Ⓓ}}{D}}{3} \right] \times \left[\begin{array}{ll} 大会社 & 0.7 \\ 中会社 & 0.6 \\ 小会社 & 0.5 \end{array} \right]$$

　A＝課税時期に属する月以前3か月間の類似業種の月平均株価
　　　のうち最も低いもの，前年1年間の平均株価，または課税
　　　時期の月以前2年間の平均株価
　B＝類似業種の上場会社の1株当たりの配当金額
　C＝類似業種の上場会社の1株当たりの年利益金額
　D＝類似業種の上場会社の1株当たりの純資産価額

● 図表2-11-2　会社の規模別区分の判定

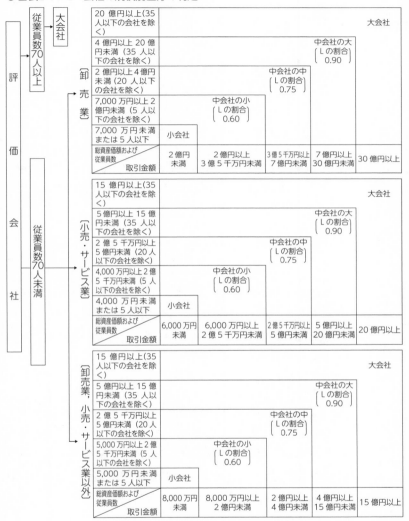

（B，C，Dについては，連結上の数値とし，1株50円で換算）

Ⓑ，Ⓒ，Ⓓ＝評価会社の1株当たりの配当金額，年利益金額，純資産価額

▶ 2. 純資産価額方式

　評価会社の課税時期における資産，負債を相続税評価額に評価替えして次の算式で計算する。

$$\boxed{\begin{array}{c}1株当たりの\\純資産価額\end{array}}=\frac{\begin{array}{c}資産の合計額^{(注1)}\\(相続税評価額)\end{array}-負債の合計額^{(注2)}-\begin{array}{c}評価差額に対する\\法人税等相当額\end{array}}{発行済株式数}$$

（注1）　前払費用や繰延資産など資産性のないものは除く。

（注2）　会社の負債として計上されていないものでも前期分の法人税や事業税などの税金や配当金，利益処分による役員賞与などは負債とされる。ただし，退職給与引当金を除く引当金は負債としない。

　この算式における「評価差額に対する法人税等相当額」は，次の算式によって計算されるが，これを控除するのは，純資産価額方式が，課税時期時点でその会社を清算した場合を前提としていることによる。会社を清算すると資産の含み益に対しては法人税などが課税されることから，株価の計算上もその分を控除する趣旨である。

$$\boxed{\begin{array}{c}評価差額に\\対する法人\\税等相当額\end{array}}=\left\{\left(\begin{array}{c}相続税評\\価額によ\\る資産の\\合計額\end{array}-\begin{array}{c}負債の\\合計額\end{array}\right)-\left(\begin{array}{c}帳簿価額\\による資\\産の合計\\額\end{array}-\begin{array}{c}負債の\\合計額\end{array}\right)\right\}\times37\%$$

　なお，株式の取得者とその同族関係者の持株割合が50％未満である場合には，上記により計算した1株当たりの純資産価額の100分の80相当額がその評価額となる。

▶ 3. 併用方式

　併用方式の算式は次のようになる。

$$\boxed{\begin{array}{c}1株当たり\\評価額\end{array}}=\begin{array}{c}類似業種\\比準価額\end{array}\times L+\begin{array}{c}課税時期における1株当たり\\の純資産価額(相続税評価額)\end{array}\times(1-L)$$

　Lの割合は業種，純資産価額，従業員数と取引金額によって決

定する。中会社は中会社の大，中会社の中，中会社の小があり，
それぞれLの割合は0.9，0.75，0.6である。

　なお，小会社にも選択的にこの併用方式が認められているが，
Lの割合は一律に0.5とされている。

　ここで，一般の評価会社の原則的評価方法をまとめると図表
2-11-3のようになる。

●図表2-11-3　一般の評価会社の原則的評価方法

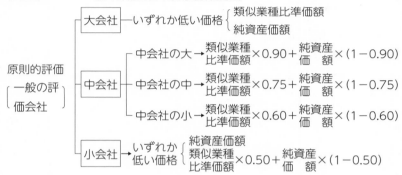

5　特例的評価方式

　同族株主のいる会社の株主のうち，同族株主以外の株主が取得
した株式および従業員株主などの零細株主が取得した株式は，特
例的評価方式である配当還元方式により評価する。

重要用語

配当還元方式

1株当たりの配当還元価額＝

$$\frac{1株（50円）当たりの年配当金額^{（注1）}}{10\%} \times \frac{1株当たりの資本金等の額^{（注2）}}{50円}$$

　ただし，その金額が2円50銭未満のものおよび無配のものにあ
っては2円50銭とする。

　（注1）　1株（50円）当たりの年配当金額とは，直前期末以前の2
　　　　　年間におけるその会社の剰余金の配当金額の合計額の2分の
　　　　　1に相当する金額を直前期末における1株当たりの資本金等

の額を50円とした場合の発行済株式数で除して計算した金額である。

(注2)　1株当たりの資本金等＝直前期末の資本金等の金額÷（直前期末の発行済株式数－直前期末の自己株式数）

〈配当還元方式による1株当たり配当還元価額の具体例〉

　X年配当金額　2,500,000円

　X＋1年配当金額　1,500,000円

　資本金　15,000,000円

　資本積立金　5,000,000円

　発行済株式数　410株

　自己株式数　10株

① 　1株当たり年配当金額

= （2,500,000円＋1,500,000円）÷2／（15,000,000円＋5,000,000円）÷50円＝5円

② 　1株当たりの資本金等の額

= （15,000,000円＋5,000,000円）÷（410株－10株）＝50,000円

③ 　1株当たりの配当還元価額

= 5円／10％×50,000円／50円＝50,000円

ただし，1株当たりの配当還元価額が原則的評価方式より高い場合には，原則的評価方式による。

6　特定評価会社の株式

　会社が，「特定評価会社」に該当する場合は，原則として純資産価額方式でその株式を評価しなければならない。ここにいう「特定評価会社」とは主に次のものをいう。

① 　株式等保有特定会社

② 　土地保有特定会社

③　開業後３年未満の会社等

このうち①，②は評価会社の有する資産のうちに占める株式等の価額または土地等の価額が一定割合以上のものをいうが，その具体的基準は図表2-11-4のとおりである。

●図表2-11-4　特定評価会社の株式の評価

区分	株式保有特定会社	土地保有特定会社
大会社	50％以上	70％以上
中会社	50％以上	90％以上
小会社	50％以上	適用なし[注]

(注)　土地保有特定会社の規定が適用されない「小会社」は，会社規模の区分表 (図表 2-11-2) における総資産価額が 5,000万円 (小売・サービス業は 4,000 万円, 卸売業は 7,000 万円)未満で，かつ，取引金額が 8,000 万円 (小売・サービス業は 6,000 万円, 卸売業は 2 億円) 未満である会社に限られる。要するに取引金額基準でみた小会社に限るということである。

したがって，従業員数が 5 人以下でも，総資産価額が大会社基準以上であれば土地保有割合が 70％以上で，また，中会社基準以上であれば土地保有割合が 90％以上でそれぞれ土地保有特定会社となる。

③については，課税時期において開業後の経過年数が３年未満の会社および類似業種比準価額方式の比準要素がすべてゼロである会社をいう。このような場合は，純資産価額方式を適用するのであるが，比準要素のうち２つがゼロになる会社の株式の価額は，評価会社の規模にかかわりなく，次の算式または純資産価額方式により評価する[注]。

評 価 額 ＝類似業種比準価額×0.25＋純資産価額
　　　　　×（1 −0.25）

（注）　同族会社以外が取得した株式に区分されている場合，配当還元方式を適用することもできる。

　このような特定評価会社の取扱いは，株式評価の仕組みを利用した種々の節税等に歯止めをかけたものであるため，環境の変化に応じて，比較的早く変化する。

取引相場のない株式の評価は深入りせず，基礎をしっかり固めよう。

12 | 配偶者居住権の評価

1 配偶者居住権

　配偶者の居住の権利とは，配偶者の居住権保護のための方策であり，配偶者居住権と配偶者短期居住権がある。

　配偶者居住権 ── 配偶者がある程度長期間その居住建物を無償で使用・収益できる権利

　配偶者短期所有権 ── 遺産分割終了までといった比較的短期間（その相続開始から最低6か月間）その居住建物を無償で使用できる権利（この権利は従来より判例で認められていたものをやや修正して明文化したもの）

　以下，配偶者の居住の権利のうち，配偶者居住権について述べる。

2 配偶者居住権が認められる場合

　被相続人の相続開始時に配偶者が居住していた建物について，その居住権を遺産分割または遺言により取得することが配偶者居住権の成立要件となる（民法1028条1項）。また，家庭裁判所の審判によることもできる（同法1029条）。

3 配偶者居住権の存続期間等

　原則，配偶者の終身の間である（民法1030条）。なお，配偶者居住権は譲渡することができない（同法1032条2項）。

4　居住建物の返還

配偶者は，自らが死亡した等配偶者居住権が消滅した時は，居住建物を返還しなければならない（民法1035条１項本文）。

5　配偶者居住権等の評価

▶ 1．建物

①　配偶者居住権の価額

$$\text{建物の相続税評価額} - \text{建物の相続税評価額} \times \frac{\text{残存耐用年数} - \text{存続年数}}{\text{残存耐用年数}} \times \begin{array}{l}\text{存続年数に応じた}\\\text{民法の法定利率に}\\\text{よる複利現価率}\end{array}$$

②　配偶者居住権が設定された建物の価額

建物の相続税評価額 − 配偶者居住権の価額（▶1．①の価額）

▶ 2．土地

①　配偶者居住権に基づく居住建物の敷地の利用に関する権利の価額

$$\text{土地の相続税評価額} - \text{土地の相続税評価額} \times \begin{array}{l}\text{存続年数に応じた民法の}\\\text{法定利率による複利現価率}\end{array}$$

②　居住建物の敷地の価額

$$\text{土地の相続税評価額} - \begin{array}{l}\text{配偶者居住権に基づく居住建物の}\\\text{敷地の利用に関する権利の価額（▶2．①の価額）}\end{array}$$

《設例》配偶者居住権の評価算定

夫が死亡し，自宅（土地，建物）を次のとおり遺産分割した。

・配偶者（80歳）に配偶者居住権（存続期間は終身）

・長男（50歳）に自宅（土地，建物）の所有権

なお，配偶者居住権の評価算定の算出に必要な条件は次のとおりである。

・建物（自用）の時価である相続税評価額：2,000万円

・土地（自用）の時価である相続税評価額：6,000万円
・建物は木造であり耐用年数22年であるが，事業用ではない
　ため1.5倍の33年
・経過年数：10年
・存続期間：12年（第22回生命表に基づく平均余命11.71
　年のため）
・存続期間に応じた法定利率（3％）による複利現価率：
　0.701

（建物）

（1）　配偶者居住権の価額

$$2,000万円 - 2,000万円 \times \frac{33年 - 10年 - 12年}{33年 - 10年} \times 0.701 = 13,294,783円$$

（2）　配偶者居住権が設定された建物の価額

　　20,000,000円 - 13,294,783円 = 6,705,217円

（土地）

（1）　配偶者居住権に基づく居住建物の敷地の利用に関する権
　　利の価額

　　6,000万円 - 6,000万円 × 0.701 = 17,940,000円

（2）　居住建物の敷地の価額

　　60,000,000円 - 17,940,000円 = 42,060,000円

13 | その他の財産の評価

関連過去問題
/ 2024年3月
  問34
/ 2023年3月
  問32
/ 2022年10月
  問34

1 家 屋

　家屋は，原則として1棟の家屋ごとに評価し，その価額は，その固定資産税評価額に一定の倍率（現行1.0倍）を乗じて評価する。課税時期において建築中の家屋は，その家屋の費用現価の70％相当額で評価する。

●図表2-13-1　家屋の評価方法

種　類	家屋等の評価方式
家　屋	固定資産税評価額×一定の倍率
建築中の家屋	家屋の費用現価×70％

　アパート等の貸家は，自用家屋の評価額からその評価額に借家権割合と賃貸割合を乗じた金額である借家権の価額を控除した金額で評価する。

$$\boxed{\text{貸家の評価額}} = \substack{\text{自用家屋} \\ \text{の評価額}} - (\text{自用家屋の評価額} \times \text{借家権割合} \times \text{賃貸割合})$$

　門，塀等の附属設備の価額は，構造上家屋と一体となっているものは家屋の価額に含めて評価し，それ以外のものは，その附属設備の再調達価額から減価償却費を控除した価額で評価する。
　また庭木，庭石等の庭園設備の価額は，相続開始時における調達価額の70％に相当する価額によって評価する。

2 預 貯 金

　預貯金の価額は，課税時期における預入高と同時期現在におい

て解約するとした場合に既経過利子の額として支払いを受けることができる金額（源泉徴収されるべき税額に相当する金額を控除した金額）との合計額によって評価する。

ただし，定期預金等の貯蓄性の高い預貯金以外のものは，課税時期現在の既経過利子の額が少額なものに限り，同時期現在の預入高によって評価することができる。

したがって，預貯金の評価方法は図表2-13-2のようになる。

●図表2-13-2　預貯金の評価方法

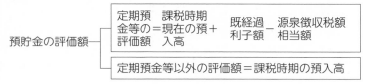

3 公社債

公社債は図表2-13-3の区分により評価する。

●図表2-13-3　公社債の評価区分

▶ 1. 利付公社債

利付公社債の価額は，原則として，発行価額と課税時期における源泉所得税相当額控除後の既経過利息の額（課税時期において利払期が到来していない利息のうち，課税時期までの既経過分に相当する金額から源泉徴収されるべき所得税に相当する金額を控除した金額）との合計額によって評価する。

$$利付債の評価額 = \left[\begin{array}{l} 評価する公社 \\ 債の発行価額 \\ （券面額100+ \\ 円当たりの金 \\ 額） \end{array} + \begin{array}{l} 課税時期における \\ 源泉所得税相当額 \\ 控除後の既経過利 \\ 息の額（券面額 \\ 100円当たりの金 \\ 額） \end{array} \right] \times \frac{公社債の券面額}{100円}$$

▶ 2. 割引発行の公社債

割引発行の公社債の価額は，原則として，発行価額と既経過償還差益の額（券面額と発行価額との差額に，発行日から償還期限までの日数に対する発行日から課税時期までの日数の割合を乗じて計算した金額）との合計額によって評価する。

$$割引債の評価額 = \left[\begin{array}{l} 発行価額 \\ （券面額100円 \\ 当たりの金額） \end{array} + \begin{array}{l} 既経過償還差 \\ 益の額^{（注）} \end{array} \right] \times \frac{公社債の券面額}{100}$$

$$（注）\; 既経過償還差益の額 = \left[\begin{array}{l} 券面額 \\ （100円） \end{array} - \begin{array}{l} 券面100円 \\ 当たりの発 \\ 行価額 \end{array} \right] \times \frac{発行日から課税時期までの日数}{発行日から償還期限までの日数}$$

▶ 3. 転換社債（新株予約権付社債）

転換社債（新株予約権付社債）の価額は，原則として，利付公社債の評価の方法によって評価する。

4 生命保険契約に関する権利

生命保険契約に関する権利の価額は原則として，時価で評価する。

$$生命保険契約に関する権利の価額 = 解約返戻金$$

5 棚卸資産

棚卸資産は，原則として，商品，原材料，半製品，製品などの

区分に従い評価する。

▶ 1. 商　　品

　商品の価額は，その商品の課税時期における販売価額から，その価額のうちに含まれる適正利潤の額，課税時期後販売の時まで負担すると認められる予定経費の額およびその商品について納付すべき消費税の額を控除した金額によって評価する。

▶ 2. 原 材 料

　原材料の価額は，その原材料の課税時期における仕入価額に，その原材料の引取りなどに要する運賃その他の経費を加算した金額によって評価する。

6　その他の財産の評価

　相続税や贈与税の課税財産には，これまで説明したもの以外にもさまざまなものがあるが，主なものについて図表2-13-4に示しておく。

●図表2-13-4　その他の財産の評価方法

種　類	評価方法の概要
貸付信託の受益証券	$\dfrac{元本}{の額} + \left[\dfrac{既経過収益}{の額} - \dfrac{既経過収益にかかる}{源泉税の額} \right] - \dfrac{買取}{手数料}$
証券投資信託の受益証券	原則として課税時期の基準価額（源泉税額および解約手数料相当額控除後）
ゴルフ会員権	おおむね取引価格 70%相当額
書画骨とう品	売買実例価額，精通者意見価格等を参考にした額
自動車，家庭用財産など一般動産	売買実例価額，精通者意見価格等を参考にした額

14 | 相続税額の計算

1 相続税の総額の計算方法

同一の被相続人から相続や遺贈によって財産を取得した相続人や受遺者についての相続税の総額は，次の順序によって計算する。

① 同一の被相続人から相続や遺贈によって財産を取得した各人ごとに，次の算式によって計算した相続税の課税価格を合計して，「相続税の課税価格の合計額」を計算する。

相続や遺贈により取得した財産の価額 ＋ 相続や遺贈により取得したとみなされる財産の価額 － 非課税財産の価額 ＋ 相続時精算課税適用財産の価額 － 債務および葬式費用の額(注1) ＋ 相続開始前7年以内に被相続人から贈与を受けた財産の価額(注2)

＝ 各人の課税価格 （1,000円未満切り捨て）

（注1） この段階でマイナスとなる場合には，債務控除後の金額はゼロとする。

（注2） 相続開始前3年超7年以内の贈与財産から100万円までは控除可能。

② 「相続税の課税価格の合計額」から「遺産にかかる基礎控除額」を控除して，「課税される遺産総額」を計算する。

③ 「課税される遺産総額」を各法定相続人が民法上の法定相続分（民法900条および901条に規定する相続分）に応じて取得したと仮定した場合における各取得金額を計算する。この場合，各相続人や受遺者が実際に取得した財産の価額がいく

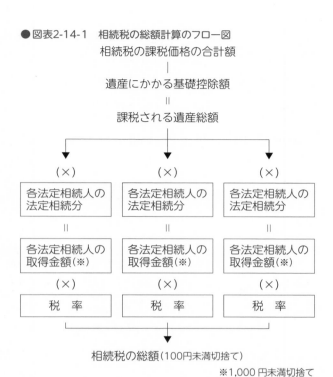

●図表2-14-1　相続税の総額計算のフロー図

相続税の課税価格の合計額

|

遺産にかかる基礎控除額

||

課税される遺産総額

(×)	(×)	(×)
各法定相続人の法定相続分	各法定相続人の法定相続分	各法定相続人の法定相続分
各法定相続人の取得金額(※)	各法定相続人の取得金額(※)	各法定相続人の取得金額(※)
(×)	(×)	(×)
税　率	税　率	税　率

相続税の総額（100円未満切捨て）

※1,000 円未満切捨て

●図表2-14-2　相続税の速算表

法定相続分に応じる取得金額		税率	控除額
	1,000 万円以下	10%	———
1,000 万円超	3,000 万円以下	15%	50 万円
3,000 万円超	5,000 万円以下	20%	200 万円
5,000 万円超	1億円以下	30%	700 万円
1億円超	2億円以下	40%	1,700 万円
2億円超	3億円以下	45%	2,700 万円
3億円超	6億円以下	50%	4,200 万円
6億円超		55%	7,200 万円

らであるかということはまったく関係ない。

④　③によって計算した各法定相続人ごとの取得金額に，それ
ぞれ相続税の税率を乗じて，各人ごとの税額を計算し，これ
を合計したものが「相続税の総額」となる。

ここで，相続税の総額は，課税される遺産総額と法定相続人の数およびその法定相続分とによって機械的に計算するため，遺産を相続人の間でどのように分けても，相続放棄をした人がいても相続税の総額は変わらない（図表2-14-1参照）。

2 遺産にかかる基礎控除額

▶ 1. 遺産にかかる基礎控除額の計算

遺産にかかる基礎控除額は，次の算式によって計算する（相15条1項）。

3,000万円＋（600万円×法定相続人の数）＝ 遺産にかかる基礎控除額

この遺産にかかる基礎控除は，相続税の課税最低限度であり，被相続人の遺産の額が一定の金額に達しなければ相続税は課税されないという趣旨のもので，免税点というものではない。つまり，被相続人の遺産の総額から債務と葬式費用の額を差し引いた残額（各人の課税価格の合計額）が，この遺産にかかる基礎控除額以下である場合には，相続税は課税されない。

なお，法定相続人とは，民法において規定されている相続人をいうが，相続の放棄をした人があっても，相続の放棄をしなかったものとした場合の相続人をいう（相15条2項）。

▶ 2. 養子のなかで法定相続人の数に算入される人数

被相続人に養子がいる場合の法定相続人の数に算入される養子の数は，被相続人の実子がいる場合，または，実子がなく養子の数が1人である場合には1人まで，被相続人に実子がなく，養子の数が2人以上である場合には2人までとなる（相15条2項）。

このように，養子縁組をして法定相続人の数が増えることにより，遺産にかかる基礎控除額が増えることになる。ただし，この養子縁組が相続税の負担を不当に減少させることになると認めら

れる場合には，税務署長は相続税の更正または決定において，養子の数を法定相続人の数に算入しないで相続税の課税価格および相続税額を計算することができる（相63条）。

　なお，相続人のなかに代襲相続人がおり，かつ，その人が被相続人の養子となっている場合には，実子1人として計算することになる^(注)。

　　（注）　法定相続分は，代襲相続人としての相続分と養子としての相続分の双方分となる。

民法上は養子の数に制限がありません。

15 | 各相続人・受遺者の相続税額の計算

1 納付すべき相続税額の計算

相続や遺贈によって財産を取得した人ごとの納付すべき相続税額は，相続税の総額をもとにして，次の順序によって計算する。

① 「相続税の課税価格の合計額」に対する各人の相続税の課税価格の割合によって按分割合を算出し，この割合を相続税の総額に乗じて，それぞれの算出相続税額を計算する（相17条）。

各相続人等の相続税額は，次の算式によって計算する。

$$\frac{\text{各相続人等の相続税の課税価格}}{\text{相続税の課税価格の合計額}} = \boxed{\text{按分割合}}$$

相続税の総額×按分割合＝ $\boxed{\text{その人の相続税額（算出税額）}}$

② 相続や遺贈により納付する相続税額は，算出相続税額に相続税の2割加算を行う必要がある場合には，その加算後の税額から，それぞれ贈与税額控除，配偶者の税額軽減，未成年者控除，障害者控除，相次相続控除，外国税額控除，相続時精算課税適用者の贈与税額の精算を行い，財産を取得した人ごとの実際に納付すべき相続税額または還付税額を計算する（図表2-15-1参照）。

2 遺産が未分割の場合

相続税の申告書は，原則として相続の開始を知った日の翌日から10か月以内に提出しなければならないが，その申告書の提出期

📝 補足

小数点第2位未満の端数がある場合には，各相続人等の割合の合計値が1になるように，その端数を調整して各相続人等の按分割合を定め，相続税額を計算しても差し支えない。

●図表2-15-1　各人の納付税額計算フロー図

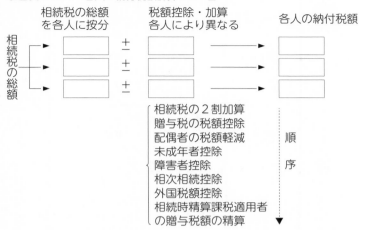

限までに相続または包括遺贈により遺産の分割が行われていない場合には，各共同相続人または包括受遺者が遺産および負債を民法（民法904条の2に規定する寄与分を除く）の相続分に従って相続したものとして，相続税の課税価格を計算することになっている。

　つまり，相続人または包括受遺者が民法900条（法定相続分）から903条（特別受益者の相続分）の規定による相続分または包括遺贈の割合で取得したものとして計算することとされる。

　その後，その民法の規定による相続分または包括遺贈の割合と異なる相続分または包括遺贈の割合によって遺産が分割され，前に申告した課税価格と異なることとなったときは，その分割により確定した相続や遺贈により取得した財産の価額をもととして課税価格を計算し直すこともできる。そこで，当初申告における相続税が過大だった人は更正の請求を，逆に不足だった人は修正申告することができる。

　遺産が未分割の場合については，原則，配偶者の税額軽減，小規模宅地等の評価の特例，農地等の相続税の納税猶予，非上場株

式等の相続税の納税猶予，個人の事業用資産についての相続税の納税猶予は受けられない。

●図表2-15-2　申告期限までに遺産分割

●図表2-15-3　申告期限後に遺産分割確定

16 | 税額の2割加算・贈与税額控除

1 相続税額の2割加算

　相続や遺贈により財産を取得した人が，被相続人の一親等の血族（被相続人の直系卑属である代襲相続人を含む）および配偶者以外の人である場合には，その人の相続税額は通常の場合の相続税額に20％を加算した金額となる（相18条）。

　これは，一親等の血族および配偶者以外の人が被相続人の財産を取得することは稀であり，また，孫に遺贈した場合には，相続税の課税を1回免れることになってしまうなどの理由により制度化されたものである。

　なお，相続を放棄した人または欠格もしくは廃除の事由によって相続権を失った人が，遺贈により財産を取得した場合において，その人がその遺贈にかかる被相続人の一親等の血族に該当するときは，相続税額の20％加算は行われない。

　養子または養親が，相続または遺贈により被相続人である養親または養子の財産を取得した場合には，これらの人は一親等の法定血族の関係にあたるため，これらの人については，相続税額の20％加算は行われない（相基通18-1）。

　ただし，被相続人の直系卑属がその者の養子となっている場合は，代襲相続人である場合を除き，相続税額の20％加算は行われる。

関連過去問題
- 2024年3月
  問24,問29
- 2023年10月
  問24,問29
- 2022年10月
  問24
- 2022年3月
  問24

重要用語
相続税額の2割加算

第2編

●図表2-16-1　相続税額の2割加算が適用される場合

兄　弟　姉　妹	が相続や遺贈で
代襲相続人でない孫（被相続人の養子を含む）	が遺贈で
被相続人と血縁関係のない第三者	が遺贈で

財産を取得したときは ⟹ 相続税額×1.2

重要用語

贈与税額控除

2　贈与税額控除

　相続や遺贈によって財産を取得した人が，被相続人から相続開始前7年以内に財産の贈与を受けている場合は，その贈与財産の価額をその人の相続税の課税価格に加算して，相続税額を計算することになる。ただし，相続の開始のあった年の前年以前に贈与を受けた財産については，贈与税が課税されているので，その人の算出相続税額からその贈与財産について課税された贈与税額に相当する金額を控除する（相19条）。

　この規定は，相続開始前7年以内の贈与財産について贈与税と相続税との二重課税を調整する趣旨で設けられたものである。

　相続税から控除される贈与税額は，相続開始があった年の前年分，以前の各年分ごとに，それぞれの贈与税額をもとにして，次の算式により計算した額の合計とする。なお，この算式による贈与税額がその人の算出相続税額を上回る場合には，その超過部分は切り捨てられる。

$$\text{被相続人から贈与を受けた年分の贈与税額} \times \frac{\text{(A) のうち相続税の課税価格に加算された贈与財産の価額}}{\text{その年分の贈与税の課税価格(A)} - \text{その年分の贈与税の配偶者控除を受けた特定贈与財産の価額}} = \text{贈与税控除金額}$$

　この算式は，その年分の贈与税額のうち，被相続人から贈与に

より取得した財産で相続税の課税価格の加算対象となったものの価額に対応する部分の税額を計算するものである。

　上記の算式の分母は，その贈与税が課税された年分の贈与を受けた財産が，被相続人から贈与を受けたものであると，被相続人以外から贈与を受けたものであるとを問わず，すべて合計する。なお，被相続人の配偶者が贈与税の配偶者控除を受けている場合には，その特定贈与財産の価額については贈与税の課税価格から差し引くことになる。

　また，算式の分子は，被相続人から受けた贈与財産の価額のうち相続税の課税価格に加算された価額となる。

（2割加算）

　相続や遺贈等で財産を取得した人が，被相続人の一親等の血族（代襲相続人となった孫を含む）および配偶者以外の人である場合には，その人の相続税額に，その相続税額の2割に相当する金額が加算される。

17 | 配偶者の税額軽減

1 税額軽減額

　被相続人の配偶者が相続や遺贈により財産を取得した場合，その配偶者は税額が軽減される。この制度は，配偶者が相続や遺贈により取得した財産は，夫婦が共同して蓄積したものが多いこと，配偶者の老後の生活を保障するため，そして長年にわたり共同生活を営んできたことへの配慮などのために設けられたものである。

　配偶者の税額軽減については，次の算式により計算される。

$$相続税の総額 \times \frac{次の①の金額と②の金額のうちいずれか少ないほうの金額}{相続税の課税価格の合計額} = \boxed{配偶者の税額軽減}$$

- ①：課税価格の合計額×配偶者の法定相続分（この金額が1億6,000万円に満たない場合は1億6,000万円）
- ②：配偶者の課税価格相当額

　このことは，配偶者が実際に取得した財産の価額（課税価格）が課税価格の合計額に法定相続分を乗じた金額以下である場合や，1億6,000万円以下である場合には，配偶者は，相続税の負担がないことを意味する（相19条の2第1項）。

2 配偶者の範囲

　被相続人の配偶者とは，被相続人と婚姻の届出をしている人であり，この場合，婚姻期間の制約はない。すなわち，婚姻の届出がしてあれば，その1か月後に相続が発生したような場合でも民

法上の相続権はあり，そのうえこの配偶者の税額軽減の特例を適用することができる。したがって，内縁関係にある人には適用されない。

また，配偶者が相続を放棄した場合でも，その配偶者が遺贈により財産を取得した場合には適用される。

ただし，この規定の適用を受けるためには，相続税の申告書にこの規定の適用を受ける旨および計算に関する明細の記載をして，一定の書類を添付して提出しなければならない。

3 相続税軽減の対象となる財産

配偶者に対する相続税軽減の対象となる財産は，原則として相続税の申告書の提出期限までに共同相続人や包括受遺者によって分割されていない財産は含まれないことになっており（相19条の2第2項），図表2-17-1に掲げる財産である。

また，納税義務者が相続税の課税価格の計算の基礎となるべき

● 図表2-17-1　相続税軽減の対象となる財産

配偶者の実際取得額	① 相続税の申告期限までに遺産分割により取得した財産
	② 単独相続により取得した財産
	③ 特定遺贈により取得した財産
	④ 相続開始前 7 年以内の贈与財産で，相続税の課税価格に加算されるもの
	⑤ 生命保険金や死亡退職金などのように相続や遺贈により取得したとみなされるもの
	⑥ 相続税の申告期限後 3 年以内に遺産分割により取得した財産
	⑦ 相続税の申告期限後 3 年を経過する日までに分割できないやむをえない事情があり，税務署長の承認を受けた場合で，その事情がなくなった後 4 か月以内に遺産分割により取得した財産

事実の一部または全部を隠ぺいし，または仮装して申告したり，または申告しないで，後日，税務調査を予知して期限後申告または修正申告をした場合には，その隠ぺいにかかる財産は相続税軽減の対象となる財産から除かれる（相19条の2第5項）。

4 遺産が未分割の場合

　被相続人の配偶者に対する相続税軽減は，原則として相続税の申告期限までに分割されていない財産には適用されないので，この適用を受けるためには相続税の申告期限までに遺産分割しなければならないが，申告期限までに分割されていない場合でも，その未分割財産が申告期限後3年以内に分割されたときは，その分割された財産は相続税軽減の対象となる（相19条の2第2項）。

　なお，相続税の申告期限内に遺産未分割による申告書を提出している配偶者が，その申告期限から3年以内に分割された財産について税額軽減を受ける場合には，更正の請求をして税額軽減の規定の適用を受けることができる（相32条1項6号）。

　また，相続税の申告期限から3年を経過する日までの間に財産が未分割であった場合においても，その未分割の事実について，その相続や遺贈に関し訴えの提起がされたこと，その他やむをえない事情がある場合で税務署長の承認を受けたときは，その分割のできることとなった日の翌日から4か月以内に分割して取得した財産についても軽減の対象とすることができる（相19条の2第2項）。

18 | 未成年者控除・障害者控除

1 未成年者控除

相続や遺贈によって財産を取得した居住無制限納税義務者または非居住無制限納税義務者が，法定相続人で，かつ，財産を取得したときの年齢が満18歳未満の未成年者である場合は，その未成年者の納付すべき相続税額は，相続開始の時から成人に達するまでの年数に，1年につき10万円を乗じて計算した金額を，その未成年者の相続税額から控除できる（相19条の3第1項）。ただし，未成年者控除の規定においては，未成年者が婚姻をして成年に達したと認められる人についても適用される。

この未成年者控除の算式は次のようになる。

10万円×(18歳−その未成年者の年齢)＝ 未成年者控除額

　(注)　(18歳−その未成年者の年齢)の数が1年未満であるときは，または1年未満の端数があるときは，それを1年とする。

なお，未成年者控除は，その未成年者が相続を放棄した場合でも，遺贈により財産を取得したときはその適用を受けることができる。

また，未成年者控除額が，その未成年者の算出相続税額より多いため，その未成年者の相続税額から控除しきれない場合には，その控除しきれない部分の金額は，その未成年者の扶養義務者の相続税額から控除することができる（相19条の3第2項）。

これは，未成年者の養育費を扶養義務者が負担することを考慮したものである。

関連過去問題
- 2024年3月 問24
- 2023年10月 問24,問30
- 2023年3月 問24,問28
- 2022年10月 問24,問30
- 2022年3月 問24,問29

重要用語
未成年者控除

第2編

●図表2-18-1　未成年者控除を受けられる要件

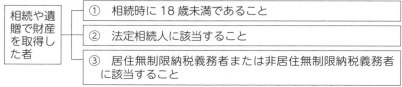

相続や遺贈で財産を取得した者
① 　相続時に18歳未満であること
② 　法定相続人に該当すること
③ 　居住無制限納税義務者または非居住無制限納税義務者に該当すること

（注）　①②③の3つの要件を満たした者

●図表2-18-2　未成年者控除の概要

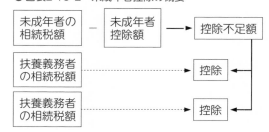

未成年者の相続税額 － 未成年者控除額 → 控除不足額

扶養義務者の相続税額 ┄┄┄┄→ 控除 ←

扶養義務者の相続税額 ┄┄┄┄→ 控除 ←

　未成年者の扶養義務者が2人以上いる場合には，それぞれの扶養義務者の控除を受けることができる金額は次の①または②の金額とされている。

　①　扶養義務者の全員が控除を受けることができる金額の総額を各人ごとに配分して，それぞれの控除を受ける金額を定めて，その控除を受ける金額を相続税の申告書に記載した場合には，その申告書に記載した金額

　②　①以外の場合には，扶養義務者の全員が控除を受けることができる金額の総額をその扶養義務者の相続税額の比によって按分して計算した金額

　控除不足額の各扶養義務者への配分は，次の③または④の方法による。

　③　控除不足額 × $\dfrac{\text{扶養義務者Aの相続税額}}{\text{扶養義務者Aの相続税額} + \text{扶養義務者Bの相続税額}}$ ＝ 扶養義務者Aの相続税からの控除額

④ 控除不足額 × $\dfrac{\text{扶養義務者Bの相続税額}}{\text{扶養義務者A}+\text{扶養義務者B}}$ = 扶養義務者Bの
の相続税額　　の相続税額　　　　　　相続税からの控除額

　さらに，未成年者に２回以上相続があった場合には，前回の相続の際に未成年者控除をして控除不足額があったときは，その控除不足額の範囲内で再び控除を受けることができる（相19条の３第３項）。

《例》
・前回相続時の年齢：７歳
・前回未成年者控除を受けた金額：40万円
・今回相続時の年齢：14歳

《未成年者控除限度額の計算》
前回の控除不足額：（18歳－７歳）×10万円－40万円＝70万円
今回の控除額：　　（18歳－14歳）×10万円＜70万円

∴40万円

2 障害者控除

　相続や遺贈によって財産を取得した人（居住無制限納税義務者）が法定相続人で，かつ財産を取得した時に障害者である場合は，その障害者の納付すべき相続税額は，その人が85歳に達するまでの年数に，１年につき10万円（特別障害者は20万円）を乗じて計算した金額を，その人の算出相続税額から控除できる（相19条の４第１項）。これは，障害者は障害をもっているゆえ，通常の人より余分に生活費等を必要とすることから設けられた制度である。

▶ 1. 一般障害者の場合
　　10万円×（85歳－その障害者の年齢）＝ 障害者控除額

📖 重要用語

一般障害者

▶ 2. 特別障害者の場合

20万円×(85歳−その障害者の年齢) = 障害者控除額

(注) (85歳−その障害者の年齢) の数が1年未満であるとき，またはその1年未満の端数があるときは，それを1年とする。

一般障害者とは，知的障害者と判定された人や身体障害者手帳に障害の程度が3級から6級までであると記載されている人などをいい，特別障害者とは，心神喪失の常況にある人や重度の知的障害者と判定された人または身体障害者手帳に，障害の程度が1級または2級であると記載された人などをいう。

● 図表2-18-3　障害者控除を受けられる要件

相続や遺贈で財産を取得した者	① 85歳未満の人で，一般障害者，または特別障害者であること
	② 法定相続人に該当すること
	③ 居住無制限納税義務者であること

(注) ①②③の3つの要件を満たした者

なお，障害者の算出相続税額から控除しきれない障害者控除額は未成年者控除の場合と同様，同一の被相続人から相続や遺贈により財産を取得したその障害者の扶養義務者の相続税額から控除できる (相19条の4第3項)。

19 | 相次相続控除・外国税額控除・相続時精算課税分の贈与税額控除

1 相次相続控除

重要用語
相次相続控除

通常は相続が開始されてから次の相続が開始されるまでには相当の期間があるので，相続税の負担はあまり問題にならない。

しかし，比較的短期間のうちに何回も重ねて相続税が課税される場合には，長期間相続がない人に比べて相続税の負担はかなり重いので，比較的短期間のうちに，次の相続が開始され，相続税が課税される場合に，相続税の負担調整を行うために図表2-19-1のように相次相続控除の制度が設けられている。

● 図表2-19-1　相次相続控除

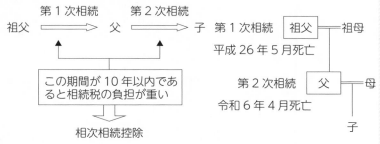

相続人が相続や遺贈により財産を取得した場合に，その相続（第2次相続）の被相続人が，相続開始前10年以内に開始した相続（第1次相続）によって財産を取得したことがある場合には，第2次相続の相続人の納付すべき相続税額はその人について通常に計算した相続税額に相当する金額から次の算式により計算した金額を控除する（相20条1項）。

●図表2-19-2　税額控除の順序

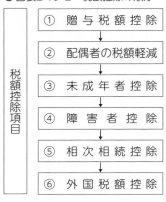

$$A \times \frac{C}{B-A} \times \frac{D}{C} \times \frac{10-E}{10} = \boxed{各相続人の相次相続控除額}$$

A：第2次相続の被相続人が支払った第1次相続時の相続税額

B：第2次相続の被相続人が第1次相続のときに取得した財産の価額（債務控除後の金額）

C：第2次相続のときに相続人や受遺者の全員が取得した財産の価額の合計額（債務控除後の金額）

D：第2次相続のときに相続人が取得した財産の価額（債務控除後の金額）

E：第1次相続開始時から第2次相続開始時までの年数（1年未満は切捨て）

　算式中の $\dfrac{C}{B-A}$ の割合が $\dfrac{100}{100}$ を超えるときは $\dfrac{100}{100}$ として計算する。

　「相続税額」とは，相続時精算課税の適用を受ける財産につき課せられた贈与税額があるときは，外国税控除前の税額からその贈与税額を控除した後の金額をいう。

　「財産の価額」とは，相続時精算課税の適用を受ける財産を含め債務および葬式費用を差し引いた後の金額をいう。

なお，この控除は相続人に適用されるので，相続を放棄した場合や相続権を失っている場合には，遺贈により財産を取得していても控除の適用はない。

2　外国税額控除

重要用語
外国税額控除

相続や遺贈により外国にある財産を取得した場合にその財産に対して外国の法令によって日本の相続税に相当する税金を課税されたときは，その財産について，外国と日本とで二重に課税されるのを回避するために，外国で課税された相続税額にあたる金額を相続税から控除することができる（相20条の2）。

この外国税額控除額は，次の算式により計算される。

次の①または②のいずれか少ない金額

①　外国で課税された相続税相当額

②　日本における各種税額控除後の算出相続税額 $\times$ $\dfrac{\text{外国所在財産の価額}\ (\text{外国所在財産にかかる債務控除後の金額})}{\text{その人の相続税の課税価格}\ (\text{債務控除後の金額})}$

前記算式のなかの「日本における各種税額控除後」とは，図表2-19-2の①→②→③→④→⑤控除後の額をいう。

3　相続時精算課税分の贈与税額控除

重要用語
相続時精算課税
分の贈与税額控
除

相続時精算課税適用者に相続時精算課税適用財産に課せられた贈与税がある場合には，その人の相続税額（「各種の税額控除」をした結果が赤字の場合はゼロとなる）からその贈与税額に相当する額を控除する。なお，控除しきれない金額に相当する税額の還付を受けることができる。

20 | 非上場株式等にかかる相続税の納税猶予制度

1 納税猶予制度の概要

重要用語

納税猶予制度

　経営承継相続人等が，相続等により，一定の要件を満たす被相続人から認定承継会社の非上場株式等を取得した場合には，その経営承継相続人等が納付すべき相続税額のうち，対象非上場株式等にかかる納税猶予分の相続税額については，納税猶予される相続税額に相当する担保を提供した場合に限り，その経営承継相続人等の死亡等の日までその納税を猶予する（措法70条の7の2）。

2 対象非上場株式等の意義

　相続開始前からすでに保有していた議決権株式等を含めて，認定承継会社の発行済議決権株式等の総数の3分の2に達するまでの部分の株式等である。

3 適用要件

▶ 1. 被相続人の要件

① 被相続人が代表者であったこと（相続開始直前に代表者でなくてもよい）。

② 被相続人と同族関係者で発行済議決権株式総数の50％超の株式を保有し，かつ経営承継相続人等となる者を除き，同族内で筆頭株主であったこと（代表者であった当時のいずれかの時点および相続開始直前に要件を満たす必要がある）。

▶ 2. 経営承継相続人等の要件

① 個人が当該相続開始から5か月を経過する日において代表権を取得しており，相続開始の直前において役員であったこと（被相続人の親族に限定しない）。ただし，被相続人が70歳未満で死亡した場合を除く。

② 個人と同族関係者で発行済議決権株式総数の50％超を保有し，かつ，同族内で筆頭株主であること（認定対象者は1人に限る）。

③ 個人が申告書の提出期限において対象非上場株式等のすべてを有していること。

▶ 3. 認定承継会社の要件

① 中小企業基本法の中小企業者（図表2-20-1参照）のうち，都道府県知事の認定を受けた会社であること

② 非上場会社であること

③ 風俗関連事業（風営法の性風俗関連特殊営業）を行う会社に該当しないこと

④ 特定特別関係会社が上場会社，中小企業者以外の法人（大企業，医療法人等），風俗関連事業を行う会社に該当しないこと

⑤ 総収入金額がゼロの会社でないこと

⑥ 常時使用する従業員がゼロの会社でないこと

⑦ 下記の資産保有型会社等に該当しないこと

　ⓐ 資産保有型会社：総資産のうちに占める「特定資産」（有価証券（実質的な小会社株式を除く），自ら使用していない不動産，現預金等），および過去5年間に認定承継相談人等と同族関係者に支払われた配当や過大役員給与等の合計額の割合が70％以上の会社

第2編

● 図表2-20-1　中小企業基本法上の中小企業者の定義

業種	資本金	従業員数
製造業その他	3億円以下	300人以下
卸売業	1億円以下	100人以下
小売業	5千万円以下	50人以下
サービス業		100人以下

　　ⓑ　資産運用型会社：総収入に占める「特定資産」の運用収入の合計額の割合が75％以上を占める会社

　　　　ただし，以下のすべての要件に該当する場合には，事業実態のある会社として，資産保有型会社または資産運用型会社に該当しないものとみなす。

　　・3年以上継続して事業を行っていること

　　・事務所，店舗，工場その他の固定施設を所有または賃借していること

　　・常時使用する従業員が5人以上いること

▶ 4.　5年間の事業継続要件

　事業承継税制の適用を受けるためには，相続税申告期限から5年間，事業を継続する必要がある。具体的には，

　① 経営承継相続人等が代表者を継続

　② 雇用の5年間平均で8割以上の確保（厚生年金保険および健康保険加入者をベースとし，これらに加入していないパート等の非正規社員は除く。また8割の計算に際し，端数を切り捨て，相続開始時1人の場合1人とする）

　③ 相続した対象株式の継続保有（組織再編を行った場合であっても，実質的な事業継続が行われているときには認定を継続）

などがある。

▶ 5. 納税猶予中の手続き

　相続税の納税猶予の適用を受けた中小企業者は，都道府県知事に対して，その相続税の申告期限から5年内については毎年1回報告をしなければならない。また，経営承継相続人等は，税務署長に対して5年内については毎年1回，5年経過後については3年ごとに1回，届出をしなければならない。

4　猶予税額の計算

　対象非上場株式等の価額を相続税の課税価格とみなして計算した場合の経営承継相続人等の相続税額と，対象非上場株式等の価額に20%を乗じて計算した金額を相続税の課税価格とみなして計算した場合の経営承継相続人等の相続税額の差額を，経営承継相続人等の猶予税額とする。

　なお，相続税の納税猶予がないものとして計算した経営承継相続人等の相続税額からこの猶予税額を控除した額が経営承継相続人等の納付税額となる。

　また，債務控除はその他財産の価額から控除する。それを超えた場合には対象非上場株式の価額から控除して納税猶予額を計算する。

5　猶予税額の免除

　その経営承継相続人等が対象非上場株式等を死亡の時まで保有し続けた場合は，猶予税額の納付を免除する。このほか，経営承継期間（5年間）経過後における猶予税額の免除については次による。

　①　対象非上場株式等にかかる会社について，破産手続開始の決定または特別清算開始の命令があった場合には，猶予税額の全額を免除する。

第2編

② 　次の後継者へ対象非上場株式等を贈与した場合において，その特例非上場株式等について贈与税の納税猶予制度の適用を受けるときは，その適用を受ける特例非上場株式等にかかる相続税の猶予税額を免除する。

③ 　同族関係者以外の者へ保有する対象非上場株式等の全部を譲渡した場合において，その譲渡対価または譲渡時の時価のいずれか高い額が猶予税額を下回るときは，その差額分の猶予税額を免除する。

④ 　一定の合併，株式交換等があった場合には，その対象非上場株式等の時価に相当する金額を免除する。

なお，租税回避行為に対応するため，上記①，③，④の場合において免除するとされる額のうち，過去5年間の経営承継相続人等および生計を一にする者に対して支払われた配当および過大役員給与等に相当する額は免除しない。

6 納税猶予額計算の特例

認可決定を受けた民事再生計画等に基づき財産価額の評定が行われた場合には認定決定日における株式等の価額に基づき納税猶予税額を再計算し，再計算後の猶予税額との差額については免除される。

7 猶予税額の納付

① 　経営承継期間（5年間）内に，経営承継相続人等が代表者でなくなる等，納税猶予の期限確定事由に該当する事実が生じた場合には，猶予税額の全額をその事由に該当した日から2か月以内に納付する。

② 　①の経過期間後において，納税猶予の期限が確定した場合には，その確定事由に応じてその事由に該当した日から2か

月以内に猶予税額を納付する。

8 利子税の納付

上記**7**により，猶予税額の全部または一部を納付する場合には，相続税の法定申告期限からの利子税（年3.6％）を併せて納付する。さらに特例により0.7％に軽減される。

なお，納税猶予期間が５年を超える場合には，５年間の利子税が免除される。

9 担保の提供

相続税の納税猶予の適用を受けるためには，相続税の申告期限までに納税猶予分の相続税額と利子税の合計額に相当する担保を提供しなければならない。ただし，対象非上場株式等のすべてが担保に供された場合には担保として認められる。

10 新事業承継税制（相続税の納税猶予特例制度）の概要

平成30年１月１日から令和９年12月31日までに生じた相続で，令和８年３月31日までに都道府県知事の認定を受けた特例認定承継会社の非上場株式等を取得した場合，次頁に示す特例が適用される（措法70条の７の６）。

内容	一般措置	特例措置
納税猶予対象株式	発行済議決権株式総数の3分の2に達するまでの株式	取得したすべての株式
納税猶予税額	納税猶予対象株式に係る相続税80%	納税猶予対象株式に係る相続税の全額
雇用確保要件	経営承継期間内の一定の基準日における雇用の平均が「相続時の雇用の8割」を下回った場合には納税猶予は打ち切りとなる	経営承継期間内の一定の基準日における雇用の平均が「相続時の雇用の8割」を下回ったとしても当該要件を満たせない理由を記載した書類を都道府県に提出すれば納税猶予は継続される
先代経営者の要件	代表権を有するまたは有していた先代経営者1人から，株式を承継する場合のみ適用対象	複数人（代表者以外の者を含む）からの特例後継者への承継も適用対象
後継者の要件 ^(注)	代表権を有しているまたは代表権を有する見込みである後継者1人へのみ適用対象	代表権を有する複数人（最大3名）への承継も適用対象
猶予期限の確定事由（譲渡・合併・解散等）に該当した場合の納付金額	株式の相続時の相続税評価額を基に計算した納付税額	一定の要件を満たす場合には，株式の譲渡もしくは合併の対価の額または解散の時における相続税評価額を基に，納付金額を再計算し，当該納付金額が当初の納税猶予税額を下回る場合，差額は免除

(注) 後継者要件の改正……令和3年4月1日以降，相続開始直前に役員であったことの要件は，一般措置の場合は①に，特例措置の場合は①または②に該当する場合除かれる。
①被相続人が70歳未満で死亡した場合
②後継者が特例承継計画に特例後継者として記載されている場合

21 相続税の申告

1 申告書の提出義務者

　課税価格の合計額（生前贈与加算および相続時精算課税の適用を受けた財産を含む）が，遺産にかかる基礎控除額を超える場合において，配偶者にかかる税額軽減の規定の適用を受けないものとして相続税額の計算を行った場合に納付すべき税額が算出される人は，相続の開始があったことを知った日の翌日から10か月以内に相続税の申告書を提出しなければならない（相27条1項）。

$$\frac{遺産の総額}{（課税価格の合計額）} > 3,000万円＋（600万円×法定相続人の数）$$

　また，次の特例を受けるためには相続税の申告書の提出が要件となっている。

① 配偶者の税額軽減

② 小規模宅地等の課税価格の特例

③ 相続財産を公益法人等に寄付した場合の非課税の特例の適用

　相続税の申告書を提出しなければならない人が，その申告書の提出期限前に申告書を提出しないで死亡したときは，その死亡した人の提出義務を承継した相続人および包括受遺者が，その相続の開始を知った日の翌日から10か月以内にその死亡した人に代わって申告書を提出しなければならない（相27条2項）。

　また，相続財産法人の財産の分与を受けた人については，その分与を受けることを知った日の翌日から10か月以内に相続税の申

関連過去問題

- 2024年3月
  問21,問31
- 2023年10月
  問21,問32,
  問33
- 2023年3月
  問21,問31
- 2022年10月
  問21,問31,
  問32
- 2022年3月
  問21,問31,
  問32

第2編

補足

相続の開始があったことを知った日の翌日から10か月後が2月30日のように最後の月に応当日がない場合には，その月の末日が申告期限となる。また申告期限の日が休日（土曜，日曜，祝祭日，年末年始（12月29日～1月3日））にあたるときはその翌日になる。

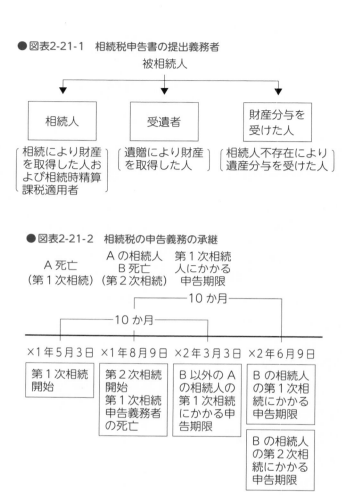

●図表2-21-1　相続税申告書の提出義務者

被相続人

相続人	受遺者	財産分与を受けた人
相続により財産を取得した人および相続時精算課税適用者	遺贈により財産を取得した人	相続人不存在により遺産分与を受けた人

●図表2-21-2　相続税の申告義務の承継

A死亡（第1次相続）　Aの相続人 B死亡（第2次相続）　第1次相続人にかかる申告期限

——10か月——

——10か月——

×1年5月3日　×1年8月9日　×2年3月3日　×2年6月9日

第1次相続開始	第2次相続開始 第1次相続申告義務者の死亡	B以外のAの相続人の第1次相続にかかる申告期限	Bの相続人の第1次相続にかかる申告期限
			Bの相続人の第2次相続にかかる申告期限

告書を提出しなければならない（相29条1項）。

2　申告書の提出先

　相続税の申告書の提出先は，被相続人の死亡時における住所地を管轄する税務署長である。もし，被相続人の死亡時における住所地が日本になかった場合には，財産を相続した人や遺贈を受けた人の日本国内にある住所地が納税地となる。同じ相続人から相

続や遺贈により財産を取得した人が2人以上いる場合には，申告書を共同して作成し，提出することができる（相27条5項）。

3　被災地域について期限の延長が認められる場合

　国税庁長官は，災害その他やむをえない理由により申告期限までに相続税の申告書を提出することができないと認める場合には，その地域および期日を指定する。指定された地域外の納税者については，税務署長が災害のやんだ日から2か月の範囲内を指定して申告書の提出期限を延長することができる。

4　期限後申告

▶ 1.　国税通則法の期限後申告

　相続税の申告書の提出期限は，原則として相続開始を知った日の翌日から10か月以内であるが，申告期限後であっても税務署の決定があるまではいつでも申告書を提出することができる。

▶ 2.　相続税法の特則による期限後申告

　次のような事由が生じたことにより新たに申告書を提出すべき場合には，期限後申告書を提出することができる（相30条・32条1項）。

① 　未分割財産の分割確定
② 　認知・相続人の廃除・相続の取消等による相続人の異動
③ 　遺留分侵害額の請求に基づき支払うべき金銭の額が確定したこと
④ 　遺贈にかかる遺言書の発見または遺贈の放棄があったこと
⑤ 　条件を付して物納の許可がされた場合において一定の事由が生じたこと
⑥ 　①〜⑤に準ずるものとして政令（相令8条2項）で定める事由が生じたこと）

❶ 被相続人の死亡時の住所地が国内にある場合には，各相続人の住所地の所轄税務署長に相続税の申告書を提出する。

❷ 小規模宅地等の課税価格の特例を受けるには，相続税の申告書の提出が要件となっている。

❸ 相続税の申告書の提出期限は，原則として相続の開始があったことを知った日の翌日から10か月以内である。

解答 ❶ × 被相続人の住所地の所轄税務署長に提出する。
　　　　❷ ○
　　　　❸ ○

22 | 相続税の納付・加算税・連帯納付義務

1 相続税の納付

関連過去問題
* 2024年3月
  問31
* 2023年10月
  問32
* 2023年3月
  問31
* 2022年10月
  問32
* 2022年3月
  問32

相続税の申告書を提出した人は，その申告書の提出期限までに，申告書に記載した相続税額を納付しなければならない。また，相続税の期限後申告書または修正申告書を提出した人は，その申告書の提出により納付すべき税額を，その提出した日に納付しなければならない（相33条）。

次に，税務署から更正または決定を受けた人は，更正通知書または決定通知書が届くのであるが，これらに記載された納付すべき税額を，通知書が発せられた日の翌日から１か月を経過する日までに納付しなければならない。

相続税の納付先は，日本銀行の本支店，代理店等となっている銀行，郵便局または税務署であり，納付の際には，納付場所に用意してある納付書に住所，氏名，税額，税務署名などを記入することになっている。

2 相続時精算課税にかかる贈与税額の還付

相続時精算課税適用者は，相続税額から控除される贈与税額がその相続税額から控除しきれない場合，還付を受けるため相続開始の日の翌日から起算して５年を経過する日まで還付申告書を提出することができる。

この場合の還付加算金については，期限内申告は申告期限，期限後申告の場合には申告の日の翌日から支払決定日までの期間に

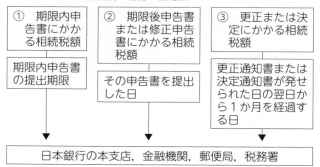

●図表2-22-1　相続税の納付と納期限

①　期限内申告書にかかる相続税額	②　期限後申告書または修正申告書にかかる相続税額	③　更正または決定にかかる相続税額
期限内申告書の提出期限	その申告書を提出した日	更正通知書または決定通知書が発せられた日の翌日から１か月を経過する日

日本銀行の本支店，金融機関，郵便局，税務署

ついて計算される。

3 延滞税および加算税

重要用語

延滞税

▶ 1. 延滞税

　相続税の期限内申告書を提出した場合において，その税額を法定納期限までに納付しなかった場合には，法定納期限の翌日からその税額を完納する日までの期間に応じ，次のように延滞税がかかる（相51条の２）。

　①　法定納期限の翌日から２か月を経過する日までの期間：平成26年１月１日以後令和２年12月31日までの期間分については「年7.3％」と「特例基準割合＋１％」のいずれか低いほう。令和３年１月１日以降は「年7.3％」と「平均貸付割合＋１％」のいずれか低いほう。

　②　前記①を超えた期間：平成26年１月１日以後の期間分については「年14.6％」と「特例基準割合＋年7.3％」のいずれか低いほう。

　相続税の期限後申告書もしくは修正申告書を提出し，または更正，決定を受けたことにより納付することとなる相続税額についても，前記と同様に延滞税が課税される。

なお，相続税の申告書を期限内に提出しなかったことによる無申告加算税，修正申告にもとづく過少申告加算税，および事実の隠ぺいまたは仮装による重加算税がかかることになる。

▶ 2. 無申告加算税

　期限内に申告書を提出しないで納付すべき税額があるときは，その税額の15％が（その税額が50万円を超える部分について20％）課税される。ただし，更正決定を予知しないで申告したときは５％が課税される。

▶ 3. 過少申告加算税

　税務署による更正または更正を予知して修正申告書を提出したときは，その更正等により納付すべき税額の10％が課税される。ただし，その増差税額のうち，期限内申告税額相当額または50万円のいずれか多い金額を超える部分については15％が課税される。税務署の調査告知の前に自主的に修正申告を行ったものについては課税されない。

▶ 4. 重加算税

　課税標準または税額の計算の基礎となるべき事実の隠ぺいまたは仮装をして申告したときは，納付すべき税額の35％が課税され，事実の隠ぺいまたは仮装をして申告しないときは，納付すべき税額の40％が課税される。

4　連帯納付義務

　相続税の納付義務は，原則として相続や遺贈（相続時精算課税適用財産にかかる贈与を含む。以下同じ）により財産を取得した人が負っているが，共同相続人相互間など一定の人の間において，互いに連帯納付の義務を負わせている（相34条１項）。

▶ 1. 相続人または受遺者が２人以上いる場合

　同じ被相続人から相続や遺贈によって財産を取得した人が２人

📖 重要用語
無申告加算税

💡 補足
更正決定を予知しないで提出された期限後申告にかかる無申告加算税について，その申告書が法定申告期限から１か月以内に提出され，かつ，その申告書にかかる納付すべき税額の全額が法定納期限までに納付されている等の期限内申告書を提出する意思があったと認められる一定の場合には，無申告加算税を課されないこととされた。

📖 重要用語
過少申告加算税

📖 重要用語
重加算税

第2編

以上いる場合には，これらの人は，その相続や遺贈によって取得した財産についての相続税について，その相続や遺贈によって受けた利益の価額に相当する金額を限度として，互いに連帯納付の責任を負うことになっている（相34条1項）。

▶ 2. 相続税の納税義務者が死亡して，その死亡した人の相続人または受遺者が2人以上いる場合

　被相続人Aの相続人であるBがAの死亡にかかる相続税を未納のまま死亡した場合，そのAの死亡にかかる相続税について，その死亡した人（被相続人B）の相続人または受遺者が2人以上いるときは，これらの人はその死亡した人の相続税について，その相続や遺贈により受けた利益の価額に相当する金額を限度として，互いに連帯納付の責に任ずることになっている（相34条2項）。

▶ 3. 相続または遺贈による取得財産が贈与等された場合

　相続税の課税価格計算の基礎となった財産について，贈与，遺贈または寄附行為による移転があった場合には，その贈与もしくは遺贈によって財産を取得した人または寄附行為によって設立される法人は，その贈与などをした人が納めるべき相続税のうち，取得した財産の価額に対応する部分の金額について，その利益の価額に相当する金額を限度として，連帯納付の責に任ずることになっている（相34条3項）。

●図表2-22-2　相続人または受遺者が2人以上いる場合

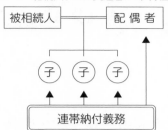

●図表2-22-3　相続税の納税義務者が死亡して，その死亡した人の相続人
または受遺者が2人以上いる場合

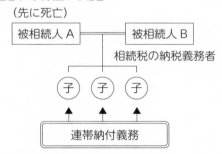

●図表2-22-4　相続または遺贈による取得財産が贈与等された場合

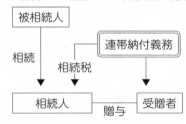

23 贈与税の性格と納税義務者

関連過去問題
✎2024年3月
問27
✎2022年10月
問37

1 所得税，相続税と贈与税の関係

個人が財産を無償で取得する場合を考えると，図表2-23-1の3つの場合がある。

● 図表2-23-1　所得税・相続税・贈与税の関係

▶ 1. 相続または遺贈によって財産を取得する場合

人が死亡すると，相続が開始し，その遺産は相続人に分けられるが，相続や遺贈または死因贈与によって財産を取得した人には，その取得した財産に対して相続税が課税される。

▶ 2. 個人からの財産の贈与を受ける場合

個人から贈与により取得した財産に対しては贈与税が課税される。

被相続人が生前中に，将来相続人となる人に財産を贈与してしまえば，その贈与者が死亡した時には，その死亡した人の財産が少なくなってしまい，相続税がかからなくなってしまう。すると相続税が設けられていても，相続税を課税することができなくなるばかりか，生前に贈与した人と贈与しなかった人との間には，税負担に大きな不公平が生じてしまう。

このため，生前中に贈与した財産についても課税することにし

たので，贈与税は相続税の補完税といわれる。

▶ 3. 法人から財産の贈与を受ける場合

　法人から財産を贈与により取得した場合には贈与税が課税され
ず，所得税の一時所得が課税される。

2　贈与とは何か

　本来の贈与とは民法上の贈与契約のことをいい，民法では，「当
事者の一方が自己の財産を無償で相手方に与える意思を表示し，
相手方がこれを承諾することによって成立する契約」と定めてい
る（図表2-23-2参照）。

●図表2-23-2　贈与意思表示

　したがって，書面による贈与や，書面によらない贈与で履行が
終わったものについては，取り消すことはできない。

　贈与には，一般的な贈与のほかに，図表2-23-3に示すように，
特殊な形態の贈与がある。

3　贈与による財産の取得時期

　贈与による財産の取得時期がいつになるかで，贈与税の課税価
格の計算，申告書の提出期限が決まるが，その基本は図表2-23-4
のとおりである。

　特例として，次のような規定がある。

▶ 1. 贈与の日が明確でない不動産等の贈与

　所有権等の移転が登記の目的となる不動産等の贈与で，かつ，
贈与の時期が明確でない場合には，その登記のあった日に贈与が

●図表2-23-3　贈与の形態

特殊な形態の贈与	説　　明
定期贈与	定期的に一定の給付を目的とする。 例　毎月50万円を贈与する。
負担付贈与	財産の贈与を受けた者に一定の給付をさせるべき義務を負わせる。 例　土地を贈与すると同時に，土地の購入のための借入金の一部を負担させる。
死因贈与	財産を贈与する者が死亡することによって効力を生ずる。 遺贈に関する規定が適用され，贈与税ではなく，相続税が課税される。 例　「私が死んだらこの家屋をあげる」

●図表2-23-4　贈与による財産の取得時期

贈与の形態	財産の取得時期
書面による贈与	贈与契約の効力が発生した時
書面によらない贈与	贈与が履行された時
停止条件付の贈与	その条件が成就した時
農地等の贈与	所有権移転についての農地法の規定による許可日または届出の効力が生じた日

あったものとされる。

▶ 2.　公正証書による贈与

　公正証書による贈与については，公正証書としての贈与契約に加えて，賃貸物件であれば，不動産取得の申告書，固定資産税の負担者，登記をしなかった正当な理由，居住用であれば誰が利用者かなどを総合的に勘案して，実質的に判断する。

▶ 3.　農地等の贈与

　農地等の贈与について，次の要件のいずれにも該当する場合には，農業委員会に申請書等を提出した日に贈与があったものとして取り扱う。

　①　農地の所有権の移転についての許可等の効力が，これらに

かかる申請書を農業委員会に提出した日の翌年の1月1日〜
3月15日までに生じること

② 農地等にかかる贈与税の申告書が，農地の所有権の移転に
ついての許可等の効力が生じた日からその年の3月15日まで
に提出されたこと

4 みなし贈与による財産の取得

重要用語
みなし贈与

本来の贈与ではなくても，財産の取得や経済的利益の享受が実
質的に贈与を受けたのと同様の経済的効果が生ずる次のような場
合については，その取得や利益の享受を贈与により取得したもの
とみなして贈与税を課税する。

① 信託行為により委託者以外の人がその信託の利益を享受す
る場合

② 時価より著しく低い価格の対価で財産を譲り受けた場合

③ 債務の免除または肩代わりをしてもらった場合

④ 自分が保険料を負担していない生命保険金を受け取った場
合。ただし亡くなった人が自分を被保険者として保険料を負
担していた生命保険金を受け取った場合には相続税の対象と
なる。

5 贈与税の納税義務者

贈与税は，財産の贈与を受けた個人にかかる税金で，財産を取
得した人がその税金を納める。

贈与税は，個人がその1年間に贈与を受けた財産の価格の合計
額から贈与税の基礎控除額を控除し，その残額に対して課税され
る。したがって，贈与税の納税義務者は，具体的には，1年間に
個人から贈与を受けた財産の価格の合計額が110万円を超える個
人となる。

第2編

$$\text{納税義務者} \rightarrow \frac{1年間に贈与により}{取得した財産の合計額} - \frac{基礎控除額}{(110万円)} > 0$$

　例外として，贈与税の税負担の公平をはかるために，人格のない社団や財団で代表者や管理人の定めのあるものや，一定の要件にあてはまる公益法人も，個人とみなされて課税される（図表2-23-5参照）。

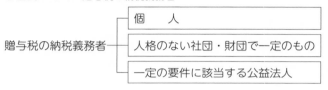

●図表2-23-5　贈与税の納税義務者

贈与税の納税義務者―

- 個　　人
- 人格のない社団・財団で一定のもの
- 一定の要件に該当する公益法人

●図表2-23-6　個人の納税義務者

個人の納税義務者―

- 無制限納税義務者
- 制限納税義務者

6　納税義務の範囲

　個人が贈与により財産を取得した場合には，贈与税の納税義務が生じるが，個人の納税義務者は財産を取得した時，その人の住所が日本国内にあるかどうか，および海外における居住期間などにより以下のように取り扱われる。

▶ 1. 居住無制限納税義務者

重要用語

居住無制限納税義務者

　贈与により財産を取得した次に掲げる者で，その財産を取得した時において国内に住所を有するもの

　①　一時居住者でない個人

　②　一時居住者である個人（外国人贈与者または非居住贈与者を除く）

▶ 2. 非居住無制限納税義務者

　贈与により財産を取得した次に掲げる者で，その財産を取得した時において国内に住所を有しないもの

① 　日本国籍を有する個人で，その贈与前10年以内のいずれかの時において国内に住所を有していたことがあるもの

② 　日本国籍を有する個人で，その贈与前10年以内のいずれかの時において国内に住所を有していたことがないもの（外国人贈与者または非居住贈与者を除く）

③ 　日本国籍を有しない個人（一時居住贈与者または非居住贈与者を除く）

▶ 3. 居住制限納税義務者

　贈与により国内にある財産を取得した個人で，その財産を取得した時において国内に住所を有するもの（居住無制限納税義務者を除く）

▶ 4. 非居住制限納税義務者

　贈与により国内にある財産を取得した個人で，その財産を取得した時において国内に住所を有しないもの（非居住無制限納税義務者を除く）

7　住所の判定

　贈与税の納税義務の範囲は，贈与によって財産を取得した人の住所によって異なるが，この住所は，各人の生活の本拠をいい，その生活の本拠であるかどうかは客観的な事実によって判定される。

　日本国籍を持っている人については，その人の住所が明らかに国外であると認められる場合を除き，次に該当する人は日本国内に住所があるものとして取り扱われる。

① 　学術・技芸の習得のために留学している人で，日本国内に

重要用語
非居住無制限納税義務者

重要用語
居住制限納税義務者

重要用語
非居住制限納税義務者

いる人の扶養親族になっている人

② 国外勤務その他役務の提供をする人で，国外勤務の期間が
おおむね１年以内であると見込まれる人

贈与税の申告書は，受贈者（贈与を受けた人）
の住所地の所轄税務署長に受贈者が提出する。
贈与者が贈与税の申告書を提出するのではな
いから注意しよう！

24 | 贈与税の非課税財産

　贈与税は，贈与により取得したすべての財産について課税することを建前としているが，財産の性質や社会常識，公益的配慮などから，贈与によって取得した場合でも，課税しないものがある。このような財産を，贈与税の非課税財産という（相21条の３・21条の４）（図表2-24-1参照）。

1 法人からの贈与により取得した財産

　法人からの贈与により取得した財産は課税されない。

　これは，相続の開始ということがありえない法人からの贈与に

● 図表2-24-1　贈与税の非課税財産

(1) 本来の取得財産のうち非課税財産とされるもの	① 法人からの贈与により取得した財産
	② 扶養義務者相互間の生活費・教育費
	③ 公益事業用財産
	④ 特定公益信託から交付される金品
	⑤ 社交上の香典・贈答品
	⑥ 選挙の候補者が贈与を受けた金品
	⑦ 相続があった年に被相続人から贈与を受けた財産
(2) 贈与により取得したとみなされる財産のうち非課税とされるもの	① 特定障害者が受ける信託受益権
	② 心身障害者共済制度にもとづく給付金の受給権

ついては，相続税を補完する必要がなく，また，一時所得として所得税が課税されるので，二重課税を回避するためにも，非課税としている。

2 扶養義務者相互間の生活費・教育費

扶養義務者相互間で生活費や教育費にあてるために財産の贈与があった場合には，その財産が生活費等として通常必要と認められる範囲のものについては，贈与税が課税されない。

これは，生活費または教育費は，日常生活に必要な費用であり，その負担者との人間関係から，これに課税するのは，国民感情からみて適当でないため，非課税としている。

ただし，次の場合には課税される。

① 扶養義務者相互間の贈与でも，これらを預貯金とした場合や，株式の購入代金，家屋の購入代金にあてたような場合

② 地代，家賃，配当金等財産の果実だけを生活費にあてるために財産の名義を変更したような場合

3 公益事業用財産

宗教，慈善，学術その他公益を目的とする事業を行う者が，贈与により取得した財産で，その公益を目的とする事業に供することが確実なものについては，贈与税は課税されない。

しかし，このように公益事業を行う者であっても，その事業の運営にあたって，特定の者に利益を与えるような事実がある場合には課税される。

4 特定公益信託から交付される金品

特定公益信託で学術に関する顕著な貢献を表彰するもの，または顕著な価値がある学術に関する研究を奨励するものとして財務

大臣の指定する者から交付される金品や，学生，生徒に対する学資の支給を目的とする特定公益信託から交付される金品には，贈与税は課税されない。

5 社交上の香典・贈答品

個人から受ける香典，花輪，年末年始の贈答，祝物または見舞いなどのための金品は，法律上は贈与であっても，その人の社会的地位，贈与者と受贈者の関係に照らし，社会通念上相当と認められるものについては，課税されない。

6 選挙の候補者が贈与を受けた金品

衆議院議員，参議院議員，都道府県知事などの公職選挙法の適用を受ける公職の候補者が，選挙運動に関し，贈与を受けた金品がある場合において，公職選挙法の規定により，その報告がなされるものについては，課税されない。

これは，選挙の公共性に鑑みて非課税とされている。

7 相続があった年に被相続人から贈与を受けた財産

相続または遺贈により財産を取得した者が，相続開始の年に被相続人から贈与により取得した財産で，相続税の課税価格に加算されたものは，贈与税は課税されない。

これは，贈与税の課税価格が暦年計算となっており，相続開始の年が経過しないと贈与税額が確定しないため，相続税を課税し，贈与税は課税しない。

8 特定障害者が受ける信託受益権

特定障害者を受益者とする特定障害者扶養信託契約にもとづいて当該特定障害者扶養信託契約にかかる財産の信託がされること

によりその信託の利益を受ける権利を有することとなる場合において，障害者非課税信託申告書を所轄税務署長に提出したときは，当該受益権でその価額のうち特別障害者にあっては6,000万円，特別障害者以外の者にあっては3,000万円までの金額は，贈与税が課税されない。

9 心身障害者共済制度にもとづく給付金の受給権

地方公共団体の条例にもとづき心身障害者のために支給する共済給付金を受ける権利を取得した場合には，その受給権は贈与税が課税されない。

25 贈与とみなされる財産

本来の贈与でなくても，図表2-25-1のように，財産の取得や経済的利益の享受が実質的に贈与を受けたのと同様の効果が生ずる場合については，贈与税が課税される。

関連過去問題
📝2023年10月
問35
📝2022年10月
問35

1 信託契約による受益権の変更・確定

財産を信託とするときは，信託契約により委託者が受益者を指定することになっているが，この受益者が委託者以外であるときは，その信託契約があったときに，受益者がその信託の受益権をその委託者から贈与により取得したものとされる（図表2-25-2）。

次の場合も，それぞれの事由が生じたときに贈与があったものとみなされる。

① 受益者が，信託の利益の一部を取得した場合は，その受益権のうちその利益に相当する部分

② 委託者が受益者である信託について，受益者が変更されたこと

③ 受益者として指定されていた人が，受益の意思表示をしないために確定していない信託について，受益者が意思表示して確定したこと

④ 受益者が特定・存在しない信託について，受益者が特定・存在するに至ったこと

⑤ 停止条件付で信託の利益を受ける権利を与える信託について，その条件が成就したこと

重要用語

信託契約による
受益権

第2編

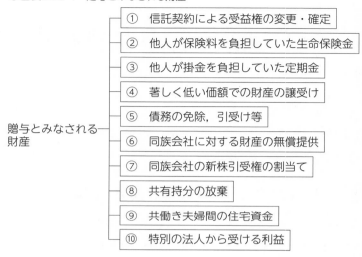

●図表2-25-1 贈与とみなされる財産

贈与とみなされる財産

① 信託契約による受益権の変更・確定
② 他人が保険料を負担していた生命保険金
③ 他人が掛金を負担していた定期金
④ 著しく低い価額での財産の譲受け
⑤ 債務の免除，引受け等
⑥ 同族会社に対する財産の無償提供
⑦ 同族会社の新株引受権の割当て
⑧ 共有持分の放棄
⑨ 共働き夫婦間の住宅資金
⑩ 特別の法人から受ける利益

●図表2-25-2 受益権の贈与

信託会社

委託者 → 受益者

受益権の贈与

2 他人が保険料を負担していた生命保険金

▶ 1. 満期保険金

　生命保険契約（共済契約も含む）の保険期間満了により生命保険金を受け取った人が，その生命保険の保険料を負担していない場合には，その保険料を負担していた人から贈与により取得したものとみなされる（相5条）（図表2-25-3）。

▶ 2. 課税されない保険金

　① 自動車損害賠償責任保険契約または共済契約にもとづく保険金や共済金

● 図表2-25-3　満期保険金の贈与

保険会社

保険料 ↗　　↘ 満期保険金

保険料負担者 → 保険金受取人

保険金の贈与

$$\begin{array}{|c|}\hline \text{贈与により取得した} \\ \text{とみなされる価額} \\\hline\end{array} = \begin{array}{c}\text{受け取った} \\ \text{保険金}\end{array} \times \frac{\text{他人が負担していた保険料の額}}{\text{満期までに払い込まれた保険料の総額}}$$

  ②　原子力損害賠償責任保険契約にもとづく保険金

  ③　その他の損害賠償責任に関する保険や共済にかかる契約に
　　もとづく保険金や共済金

▶ 3. 死亡保険金

　被相続人の死亡により保険金を取得した場合で被相続人以外の
人が保険料を負担しているときは，その保険金の受取人は，保険
料を負担していた人からその保険料に対応する金額を贈与により
取得したものとみなされる（相3条・5条）（図表2-25-4参照）。

● 図表2-25-4　死亡保険金の贈与

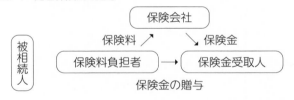

保険会社

被相続人

保険料 ↗　　↘ 保険金

保険料負担者 → 保険金受取人

保険金の贈与

$$\begin{array}{|c|}\hline \text{贈与により取得した} \\ \text{とみなされる金額} \\\hline\end{array} = \begin{array}{c}\text{受け取った} \\ \text{保険金}\end{array} \times \frac{\begin{array}{c}\text{被相続人および保険金受取人以外の} \\ \text{者が負担した保険料の額}\end{array}}{\begin{array}{c}\text{相続が発生するまでに払い込まれた} \\ \text{保険料の総額}\end{array}}$$

　被相続人が保険料を負担していた場合には，その保険金の受取
人がその人の被相続人から相続または遺贈により取得したものと
みなされて，その保険金のうちその被相続人が負担していた保険
料に相当する金額に対して，それぞれ相続税が課税される。

生命保険金の課税関係は図表2-25-5のとおりである。

● 図表2-25-5　生命保険金の課税関係

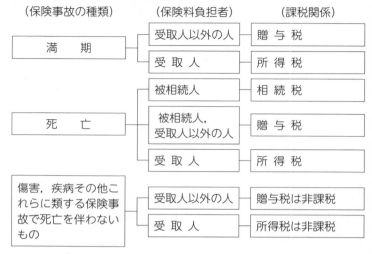

3　他人が掛金を負担していた定期金

　他人が掛金を負担していた定期金に関する権利には，図表
2-25-6に示すように2種類がある。

● 図表2-25-6　他人が掛金を負担していた定期金

他人が掛け金を負担していた定期金に関する権利の取得 ─┬─ 契約上の受取人として「定期金に関する権利」を取得
　　　　　　　　　　　　　　　　　　　　　　　　　　　└─ 継続受取人として「保証期間付定期金に関する権利」を取得

▶ 1.　定期金に関する権利

　他人が掛金または保険料の全部または一部を負担していた定期
金給付契約の給付事由の発生により，定期金の支給を受けること
となった場合には，一定の方法により計算した金額を，定期金の

受取人は，その定期金の支給を受ける権利を，掛金または保険料を負担していた人から贈与によって取得したものとみなされる（相6条）。

$$
\begin{array}{l}
\text{贈与により取} \\
\text{得したとみな} \\
\text{される価額}
\end{array} = \begin{array}{l}
\text{定期金給付契約に} \\
\text{関する権利の価額}
\end{array} \times \dfrac{\begin{array}{l}\text{定期金受取人以外の人が負担した}\\\text{掛金または保険料の額}\end{array}}{\begin{array}{l}\text{定期金給付事由の発生の時までに}\\\text{払い込まれた掛金または保険料の総額}\end{array}}
$$

▶ 2. 保証期間付定期金に関する権利

保証期間付定期金給付契約にもとづいて，定期金受取人である被相続人の死亡後，その人の相続人その他の人が定期金または一時金受取人となった場合において，その保証期間付定期金に関する権利のうち，この掛金または保険料の全部または一部を被相続人および継続受取人以外の第三者が負担していた場合には，相続の開始があった時に，掛金または保険料を負担していた第三者から贈与により取得したものとみなされる（相3条・6条）。

$$
\begin{array}{l}
\text{贈与により取} \\
\text{得したとみな} \\
\text{される価額}
\end{array} = \begin{array}{l}
\text{保証期間付定期金に} \\
\text{関する権利の価額}
\end{array} \times \dfrac{\begin{array}{l}\text{その第三者が負担した掛金}\\\text{または保険料の額}\end{array}}{\begin{array}{l}\text{相続開始の時までに払い込まれた}\\\text{掛金または保険料の総額}\end{array}}
$$

被相続人が掛金または保険料を負担していた部分については，相続または遺贈により取得したものとされる。

4 著しく低い価額での財産の譲受け

著しく低い価額の対価で財産を譲り受けた場合には，その財産を譲り受けた時に，その対価と時価との差額に相当する金額を贈与により取得したものとみなされる（相7条）。

《低額譲渡であっても課税されない場合》

その財産を譲り受けた人が，資力をなくして，債務を弁済することが困難であるため，その債務の弁済にあてる目的で，その人の扶養義務者から，著しく低い対価で財産を譲り受けたときは，

その財産の対価と時価との差額のうち，債務を弁済することが困難と認められる金額は贈与によって取得したものとはみなさない。

5 債務の免除，引受け等

　対価を支払わないで，また著しく低い価額の対価で債務の免除，引受けまたは第三者のためにする債務の弁済による利益を受けた場合には，これらの行為があった時に，その利益を受けた人がその債務の免除，引受け，弁済にかかる債務の額に相当する金額（対価の支払いがあった場合には，その差額を差し引いた金額）を，その債務の免除等をした人から贈与により取得したものとみなされる（相8条）。

　ただし，図表2-25-7に該当する場合の債務免除等は贈与とみなされない。

●図表2-25-7　債務免除等が贈与とされない場合

債務免除が贈与とされない場合	① 債務者が資力をなくして，債務を弁済することが困難であるため，その債務の全部または一部の免除を受けたとき
	② 債務者が資力をなくして，債務を弁済することが困難であるため，その者の扶養義務者によってその債務の全部または一部の引受けや弁済がなされたとき

《連帯債務や保証債務の取扱い》

①　連帯債務者が，自分の負担すべき債務の部分を超えて弁済した場合には，その超過分の金額については，他の債務者に対して求償することができるが，この求償権を放棄すると，他の債務者がその分の利益を受けることとなるので，その超過分の金額は贈与とみなされる。

②　保証債務者が，主たる債務者の弁済すべき債務を弁済した

場合で，その求償権を放棄したときは，その代わって弁済した金額を，保証債務者から主たる債務者に贈与されたとみなされる。

6 同族会社に対する財産の無償提供

　個人が同族会社に財産を無償提供等すると，会社には，当然その利益額に対しての法人税が課税されることになるが，その株主や社員が出資しているその株式や出資の価額も増加することになるため，その株主等は，その増加した部分に相当する金額を，財産を無償提供した時において，図表2-25-8に掲げる人から贈与により取得したものとみなされる（相9条）。

● 図表2-25-8　同族会社に対する財産の無償提供

（受 贈 者）	（事　　象）	（贈 与 者）
同族会社の株主等が贈与により取得したとみなされる	① 無償で財産を提供した場合	財産を提供した人
	② 著しく低い価格で現物出資があった場合	現物出資をした人
	③ 債務の免除があった場合	債務を免除した人
	④ 著しく低い価格で財産を譲渡した場合	財産を譲渡した人

《財産の無償提供等でも課税されない場合》

　財産の無償提供等があっても，同族会社の取締役，業務を執行する社員，またはこれらに準ずる人が，その会社が資力をなくしたために，その会社に対して無償で財産を提供したり，その会社の債務を引き受けたり，債務を弁済したり，無償または著しく低

い価額でその会社に利益を受けさせたようなときは，これらの価額の合計額のうち，その会社の債務超過額に相当する金額については，贈与によって取得したものとはしない。

7 共有持分の放棄

共有財産に属する財産の共有者の1人が，その持分を放棄した場合には，その人にかかる持分は，他の共有者の持分に応じた財産を贈与によって取得したものとされる。

8 共働き夫婦間の住宅資金

個人が住宅金融支援機構などから住宅資金や，敷地購入資金を借り入れて住宅や敷地を購入した場合で，その借入金の返済について，その借入者以外の人が負担しているときは，その負担部分は借入者に対する贈与とみなされる。

一般的には，借入者や返済者が借入金の返済が事実上共働き夫婦の収入によって共同でされているときは，その収入を按分で負担したものとして取り扱われる。

なお，借入金返済が贈与によって取得したものとされる金額は，暦年ごとに返済した金額をもとに計算する。

9 特別の法人から受ける利益

公益を目的とする事業を行う法人に対して財産の贈与があった場合で，その本人が，施設の利用，余裕金の運用等で設立者，社員，理事その他特定のものに利益を与えているときは，その財産の贈与によって受ける利益の価額に相当する金額を，その法人への贈与者から贈与があったものとみなされる。

贈与とみなされる財産にはどのようなものが
あるか，その基本を覚えておこう。

26 | 贈与税の計算・申告・納付

1 課税価格

　贈与税は，その年の1月1日から12月31日までの間に贈与を受けた財産の合計額に対して課税される。この合計額のことを課税価格といい，前述した本来の贈与による財産，他人名義による財産，贈与とみなされる財産すべてが含まれるが，非課税財産は除かれる（相21条の2・21条の3）。この場合において，贈与により財産を取得した人の住所がその財産の取得時に日本国内にあるかないかにより，図表2-26-1のように課税価格に算入する財産が異なる。また，贈与税額の計算の流れは図表2-26-2のとおりである。

● 図表2-26-1　課税価格に算入する財産

```
          ┌─ 無制限納税義務者 ── その年中に贈与を受けたすべての財産
          │                      の価額の合計額
個人 ──────┤
          │                      その年中に贈与を受けた財産のうち，
          └─ 制限納税義務者 ──── 日本国内にある財産の価額の合計額
```

● 図表2-26-2　贈与税の課税価格

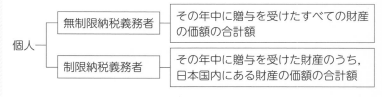

《財産の評価》

　個々の財産の価額は，その財産の贈与があった時の時価によるが，実務上は特定の財産以外は，財産評価基本通達（相続税と同じ）の定めにより評価することになる。

2　贈与税の計算

▶ 1．個人の場合

　納付すべき贈与税額は，その年の課税価格から配偶者控除額および基礎控除額（110万円）を控除し，その残額に対して税率を乗じて計算する。

$$\boxed{\begin{array}{c}\text{その年分の}\\\text{贈与額}\end{array}}=\left\{\begin{array}{c}\text{その年分の}\\\text{課税価格}\end{array}-\begin{array}{c}\text{贈与税の配偶}\\\text{者控除額}\end{array}-\text{基礎控除額}\right\}\times\text{税率}$$

▶ 2．人格のない社団，財団の場合

　納付すべき贈与税額は，贈与者の異なるごとに，それらの贈与者の各1人のみから財産を取得したものとみなして算出した贈与税額の合計額である。

$$\boxed{\begin{array}{c}\text{贈与者ごとの}\\\text{贈与税額}\end{array}}=\left\{\begin{array}{c}\text{贈与者の異なるごとに算出した}\\\text{その年分の課税価格}\end{array}-\text{基礎控除額}\right\}\times\text{税率}$$

▶ 3．贈与税率（相21条の7）

　次表のとおり，㋐直系尊属からその年の1月1日において18歳以上の者へ贈与する場合と，㋑㋐以外の贈与の場合で贈与税率が異なる。

⑦　特例税率（直系尊属からその年の１月１日において18歳以上の者へ贈与する場合）

基礎控除後の課税価格	税率（%）	控除額（万円）
200万円以下	10%	――
200万円超　400万円以下	15%	10万円
400万円超　600万円以下	20%	30万円
600万円超 1,000万円以下	30%	90万円
1,000万円超 1,500万円以下	40%	190万円
1,500万円超 3,000万円以下	45%	265万円
3,000万円超 4,500万円以下	50%	415万円
4,500万円超	55%	640万円

④　一般税率（⑦以外の贈与の場合）

基礎控除後の課税価格	税率（%）	控除額（万円）
200万円以下	10%	――
200万円超　300万円以下	15%	10万円
300万円超　400万円以下	20%	25万円
400万円超　600万円以下	30%	65万円
600万円超 1,000万円以下	40%	125万円
1,000万円超 1,500万円以下	45%	175万円
1,500万円超 3,000万円以下	50%	250万円
3,000万円超	55%	400万円

3 　贈与税額の申告・納付

　贈与税は，原則としてその年分の納付すべき贈与税額がある場合について，その翌年の２月１日から３月15日の間に住所地を管轄する税務署長に申告し，申告した税額を納付する（相28条）。

▶ 1．納付すべき贈与税額がない場合であっても贈与税の申告書の提出が必要な場合（期限内申告を適用要件とする制度）

①　贈与税の配偶者控除の適用を受ける場合

②　相続時精算課税制度の適用を受ける場合

③　直系尊属から住宅取得等資金の贈与を受けた場合の特例の
適用を受ける場合

④　農地等の納税猶予の適用を受ける場合

⑤　非上場株式等にかかる贈与税の納税猶予制度の適用を受け
る場合

⑥　個人事業者の事業用資産にかかる贈与税の納税猶予制度の
適用を受ける場合

▶ 2.　年の途中で日本を離れる場合

　贈与を受けた年の翌年の2月1日から3月15日までの間に日本
に住所および居所を有しないこととなるときは，その日までに，
その者の住所地を管轄する税務署長に提出する。

▶ 3.　死亡した場合

　申告書を提出すべき受贈者が申告書を提出する前に死亡した場
合には，その人の相続人または包括受遺者が，その相続の開始が
あったことを知った日の翌日から10か月以内に，その死亡した人
の申告書を，死亡者の住所地を管轄する税務署に提出する義務が
ある。

4　期限後申告

　贈与税の申告をしなければならない人が，申告書を提出期限ま
でに提出しなかった場合には，税務署長は，その調査をしたとこ
ろにもとづき課税価格と税額を決定して，税金を徴収することに
なるが，申告期限が経過しても，税務署長からの決定の通知があ
るまでは，いつでも申告書を提出することができる。

　この期限後の申告については，原則として納付税額の15％の無
申告加算税（その税額が50万円を超える部分について20％）が
かかるが，税務調査の事前通知前に自主的に期限後申告を提出し
た場合の加算税は5％，期限内申告書を提出できなかった正当な

理由があれば，この加算税も課税されない。

5 修正申告

　期限内申告書または期限後申告書を提出した後で，申告を忘れた財産がある等，申告した課税価格や税額に不足額がある場合には，すでに提出した申告書を修正するための修正申告書を提出することができる（相31条）。

　この修正申告をした場合には，修正申告により増加した税額に対して，過少申告加算税（増差税額の10％，一定額を超える場合はその超える部分は15％）がかかる。ただし，この加算税についても，税務調査の事前通知より前に自主的に修正申告を提出した場合，正当な理由があると認められる場合には課税されない。

6 更正の請求

　申告書を提出した後で，課税価格や税額の計算のしかたが間違っていたり，計算に誤りがあったりして，課税価格や税額が過大となっていた場合には，申告期限から6年以内に限り課税価格や税額を正当な額に減額すべき旨の更正の請求を税務署長に提出することができる（相32条）。

7 贈与税の延納

　贈与税も他の税金と同様に延納を認める制度があり，図表2-26-3の条件のいずれにもあてはまる場合には，金銭で一時に納めることが困難な金額を限度として，5年以内の年賦延納が認められる（相38条）。

● 図表2-26-3　贈与税延納制度

贈与税延納制度の条件
- ① 納付税額または追徴税額が 10 万円を超えていること
- ② 納期限までに金銭で納めることが困難なこと
- ③ 担保を提供すること
- ④ 納期限までに所定の延納申請書を提出すること

8 農地の納税猶予制度

　農業経営を行う人が，その農地で一定のもの（この **8** において，以下「農地等」という）をその農業を引き継ぐ推定相続人の１人に贈与した場合には，一定の要件のもとに，その贈与にかかる贈与税額をその農地等の贈与者の死亡の日まで猶予し，贈与者が死亡した場合には，先に贈与した農地等を相続開始時の時価で評価して相続財産に含めて相続税を課税し，納税猶予を受けていた贈与税額は相続開始と同時に免除される。

　この特例の適用を受けるためには，図表2-26-4の要件のすべてに当てはまる必要がある（措法70条の４）。

補足

農地等とは，農地の全部，採草放牧地と準農地のそれぞれ3分の2以上の面積のものをいう。

● 図表2-26-4　農地の納税猶予制度を受けるための要件

納税猶予を受けるための要件
- ① 農地，採草放牧地等であること
- ② 贈与者は，贈与の日まで 3 年以上引き続き農業を行っていた個人であること
- ③ 受贈者は，贈与者の推定相続人の 1 人で，その贈与を受けた日において年齢が 18 歳以上であり，同日までに 3 年以上引き続いて農業に従事しており，かつ贈与を受けた後，速やかに農業経営を行うこと
- ④ 贈与財産は，贈与者の農業の用に供していた農地の全部，採草牧草地等の 3 分の 2 以上の面積であること

▶ 1. 納税猶予の適用を受けた場合の贈与税額

　農地の納税猶予制度を受けた場合の贈与税額は，図表2-26-5の

● 図表2-26-5　納税猶予の適用を受けた場合の贈与税額

①　その年中に一定の要件にあてはまる農地等のほかに贈与を受けた財産がない場合	納付することとなる税額のすべてが猶予される。
②　その年中に一定の要件にあてはまる農地等のほかに他の財産の贈与があった場合	農地等以外の財産についてだけ贈与があったものとして計算した贈与税額を納期限までに納付し，残りの税額については納税が猶予される。

ようになる。

▶ 2.　猶予される贈与税の期限

　農地等を贈与した場合の贈与税の納税猶予の特例の適用を受けた贈与税額は，原則として贈与者の死亡の日までその納税が猶予される。

　ただし，図表2-26-6に該当することとなったときは，2か月を経過する日までに，納税猶予税額の全額に利子税を併せて納付しなければならない。

● 図表2-26-6　猶予される贈与税の期限

事　　象	2か月の起算日
①　贈与により取得した農地等を譲渡等した場合で，その農地等の面積が，贈与により取得した農地等の面積の20％を超えるとき	その事実が生じた日
②　贈与により取得した農地等について農業経営を廃止した場合	その廃止した日
③　受贈者が推定相続人に該当しなくなった場合	その該当しなくなった日
④　毎3年ごとに提出すべき継続届出書を提出しない場合	提出期限の翌日
⑤　税務署長の増担保または担保の変更の命令に応じない場合	繰り上げられた納税猶予にかかる期限

　しかし，②の場合において，10年以上（貸付時の年齢が65歳

未満の場合は 20年以上）納税猶予の適用を受けている受贈者が，農業経営基盤強化促進法の規定にもとづき農地等を貸し付けた場合には，その貸付けによる賃借権等の設定はなかったものとして，農業経営は廃止していないものとして納税猶予の適用を認める。

▶ 3. 納税猶予の特例の適用を受ける手続き

① その贈与を受けた翌年の３月15日までに贈与税の申告書にその旨を記載するとともに，贈与を受けた農地等の明細に関する書類その他必要な書類を添付して，納税地の税務署長に提出すること。

② 納税猶予の特例の適用を受けている間は，贈与税の提出期限から３年ごとの３月15日までに引き続いて贈与税の納税猶予を受ける旨および特例農地等にかかる農業経営に関する事項を記載した届出書を税務署長に提出する。

▶ 4. 納税猶予の特例の適用を受けている贈与税の免除

① 納税猶予の特例の適用を受けている贈与税額は，農地等の贈与者が死亡したときに免除される。

② 贈与税の納税猶予を受けていた受贈者が，贈与者より先に死亡した場合にも，その猶予を受けていた贈与税額は免除される。

9 災害を受けた場合の税額の軽減

　贈与税の申告書の提出期限前に贈与により取得した財産の価額の10分の１を超える被害が災害により発生した場合には，贈与税の課税価格を次のように調整する。

　ただし，被害を受けた部分の価額の計算に際し，保険金等で補てんされた金額がある場合は，その金額は除かれる。

課税価格 ＝受贈財産の価額－被災した部分の価額

10 外国税額控除

日本に住所を有する人が，外国にある財産を贈与により取得した場合には，日本において贈与税が課され，外国においても課税されることがある。

このため，日本で贈与税を申告する際に，外国で課された贈与税を控除する（相21条の8）。

▶ 1. 控 除 額

次の①，②のいずれか少ない額とする。

① 外国で課税された贈与税額

② その人の贈与税額×$\dfrac{在外財産の価額}{その年分の贈与税の課税価格}$

▶ 2. 換 算

外国で課税された贈与税相当額は，納付すべき日における電信売相場（ＴＴＳ）により邦貨に換算する。

11 連帯納付

贈与税の納付については，原則として，財産を贈与により取得した人が納付義務を負う。

しかし，贈与は一般に親族等の特殊関係にある者相互間で行うことが多いことから，贈与税の徴収確保のために次のように連帯して納付する義務を負わせている（相34条）。

▶ 1. 贈与者の連帯納付義務

財産を贈与した人は，贈与を受けた人のその年分の贈与税額のうち，贈与した価額に対応する部分について，贈与した財産の価額に相当する金額を限度として，連帯納付の義務を負う。

$$\boxed{\begin{array}{c}連帯納付義務者\\の贈与税額\end{array}}=\begin{array}{c}その年分の\\贈与税額\end{array}×\dfrac{贈与者の贈与した財産の価額}{その年分の贈与税の課税価格}$$

▶ 2. 死亡者の贈与税の連帯納付義務

　同一の被相続人から相続または遺贈により財産を取得した者が
2人以上ある場合は，そのすべての人が，当該被相続人が納付す
べきであった贈与税について，相続または遺贈によって受けた利
益の額を限度として連帯納付の義務を負う。

▶ 3. 贈与財産を受贈者から取得した者の連帯納付義務

　贈与税の課税価格の基礎となった財産が，さらに受贈者から贈
与または寄附行為により移転した場合には，その贈与により財産
を取得した者または寄附行為により設立された法人は，贈与した
人の納めるべき贈与税額のうち，その取得した財産に対応する部
分の金額について，その受けた利益に相当する金額を限度として
連帯納付の義務を負う。

$$\boxed{\begin{array}{c}\text{連帯納付義務者}\\\text{の贈与税額}\end{array}} = \begin{array}{c}\text{その年分の}\\\text{贈与税額}\end{array} \times \frac{\begin{array}{c}\text{贈与税の課税価格計算の基礎となった}\\\text{財産のうち贈与，遺贈または寄附行為}\\\text{により移転した財産の価額}\end{array}}{\text{その年分の贈与税の課税価格}}$$

12 申告，納付にかかる相続税と贈与税の相違点

	贈与税	相続税
申告期限	原則として贈与年の翌年3月15日	相続の開始があったことを知った日の翌日から10か月以内
納税地	受贈者の住所地	被相続人の死亡時の住所地
延納	一定の要件を満たす場合に可能（最大5年間）	一定の要件を満たす場合に可能（一定の場合に最大20年間）
物納	不可能	一定の要件を満たす場合に可能
納税猶予制度	個人事業者の事業用資産，農地，非上場株式等	個人事業者の事業用資産，農地，非上場株式等

27 贈与税の配偶者控除

関連過去問題
- 2023年10月
  問36
- 2023年3月
  問26,問35
- 2022年10月
  問36
- 2022年3月
  問35

　課税価格から控除される金額は，通常は110万円の基礎控除だけであるが，夫婦の間で財産の贈与が行われ，一定の条件にあてはまる場合には，基礎控除額の110万円と別に最高2,000万円までの配偶者控除を受けることができる（相21条の6）。

1 適用を受けるための要件

　配偶者控除の適用を受けるためには，図表2-27-1のすべての要件を満たす必要がある（相21条の6）。

2 居住用不動産の範囲

　贈与税の配偶者控除の対象となる居住用不動産（日本国内にあ

●図表2-27-1　配偶者控除を受けるための要件

配偶者控除の適用要件	① 贈与が行われた夫婦の婚姻期間が，贈与の時に 20 年以上経過していること
	② 配偶者から贈与された財産が，自分で居住するための居住用不動産か，居住用不動産を取得するための金銭であること
	③ 贈与を受けた年の翌年3月 15 日までに，贈与を受けた居住用財産または贈与を受けた金銭で取得した居住用財産に受贈者が実際に居住し，その後も引き続き居住する見込みであること
	④ 前年以前のいずれかの年分の贈与税において，同一の配偶者からこの制度の適用を受けていないこと
	⑤ 取得者が贈与税の申告書に所定の事項を記載し，所定の書類を添付して申告すること

●図表2-27-2　土地等のみの贈与を受けた場合で，配偶者控除の対象となる例

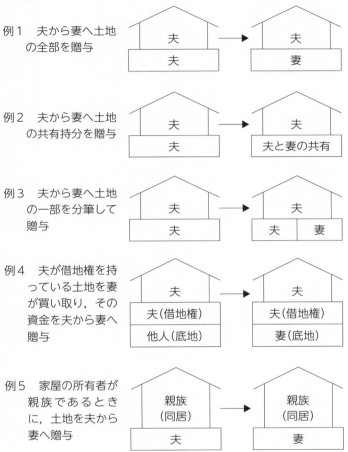

例1　夫から妻へ土地の全部を贈与

例2　夫から妻へ土地の共有持分を贈与

例3　夫から妻へ土地の一部を分筆して贈与

例4　夫が借地権を持っている土地を妻が買い取り，その資金を夫から妻へ贈与

例5　家屋の所有者が親族であるときに，土地を夫から妻へ贈与

るものに限る）は，その控除を受ける配偶者の居住用の土地（借地権など土地の上に存する権利を含む），家屋となっているが，次の場合も控除の対象となる（図表2-27-2参照）。

①　贈与を受けた不動産が店舗付住宅のように受贈配偶者の居住用部分とその他がある場合は，その居住用部分について認められる。

② 　贈与を受けた不動産が土地等のみであっても，その土地の上にある家屋の所有者が贈与を受けた配偶者の同居親族であり，かつ，贈与を受けた配偶者がその家屋に専ら居住しているときは，控除の対象になる。なお，この場合の土地等には，贈与をした配偶者が持っている借地権の目的となっている土地（底地）も含まれる。

③ 　居住用不動産の持分の贈与も認められる。

（配偶者死亡時の留意事項）

　贈与を受けた配偶者がその年中に死亡した場合において，その配偶者が死亡までにその受贈した居住用財産に居住していれば配偶者控除の適用を受けることができる。

　したがって，相続開始前７年以内に贈与を受けた場合も，贈与税の配偶者控除を適用して贈与された財産は相続財産には加算されない。

28 | 相続時精算課税制度

　生前贈与については，受贈者の選択により，贈与時に贈与財産に対し2,500万円の特別控除をした金額に一律20%の税率を乗じて贈与税を支払い，その後の相続時にその贈与財産と相続財産とを合計した価額を基に計算した相続税額から，すでに支払ったその贈与税額を控除することにより贈与税・相続税を通じた納税をすることができる（相21条の9〜21条の13）。

関連過去問題

🖊 2024年3月
　問38
🖊 2023年10月
　問38
🖊 2023年3月
　問36
🖊 2022年10月
　問38
🖊 2022年3月
　問23問36

重要用語

相続時精算課税
制度

1　適用を受けることができる人

　適用が受けられる人は，図表2-28-1のとおり贈与者と受贈者の関係が制限されている。

●図表2-28-1　相続時精算課税制度の要件

① 贈与者は 60 歳以上であること
② 受贈者は 18 歳以上の贈与者の直系卑属で，推定相続人（代襲相続人を含む）または，18 歳以上の孫であること

（注）贈与者および受贈者の年齢は，財産の贈与があった年の1月1日現在の年齢による。

　なお，住宅取得等資金の贈与につき相続時精算課税の適用を受ける場合，納税猶予制度にかかる贈与につき相続時精算課税の適用を受ける場合については後述する。

2　選択適用手続き

　この制度の選択をする受贈者（子）は，その選択にかかる最初の贈与をしようとする贈与者からその年中における贈与により取

得した財産について相続時精算課税の適用を受ける等所定の事項を記載した相続税精算課税選択届出書を，その財産を取得した年の翌年2月1日から3月15日までの間に所轄税務署長に提出することが必要である。

この場合において，相続時精算課税の選択をすることができる受贈者が，相続時精算課税選択届出書をその提出期限前に提出しないで死亡した場合には，その者の相続人は，その相続の開始があったことを知った日の翌日から10か月以内に，その届出書をその死亡した者の住所地の所轄税務署長に共同して提出することができる。

3 選択の単位

相続時精算課税制度は，受贈者の選択により適用され，その選択は，贈与者ごとにすることができる。したがって，たとえば，父と母から財産の贈与を受けた場合には，父からの贈与により取得した財産についてはこの制度を選択し，母から贈与により取得した財産についてはこの制度を選択しないことができる。

また，この制度は受贈者が選択することになっていることから，たとえば，父から長男と次男が贈与により財産を取得した場合においても，長男はこの制度を選択し，次男はこの制度を選択しないことができる。

なお，この制度を選択した受贈者は，その年以降当該贈与者からの贈与は相続時までこの制度を継続適用することになる。

4 適用対象財産

この制度の対象となる財産には，財産の種類，価額，用途，贈与回数には，制限がない。

5 税額の計算

▶ 1. 贈与税額の計算

　この制度の選択をした受贈者は，この制度にかかる贈与者（以下「特定贈与者」という）からの贈与財産について贈与時に申告を行い，他の贈与財産と区分して，選択した年以降の各年にわたるその特定贈与者からの贈与財産の価額の合計額を基に図表2-28-2により計算した贈与税額を支払うものとする。

● 図表2-28-2　相続時精算課税制度の贈与税額の計算式（令和6年1月1日以後の贈与から）

> 贈与税額＝(その年において特定贈与者から取得した贈与財産の合計額
> 　　　　　　　　　　　－基礎控除110万円－特別控除額)×20%
> 特別控除額＝特定贈与者ごとに次に掲げる金額のうちいずれか低い金額
> ①　2,500万円－前年以前の各年において相続時精算課税対象財産の価額
> 　　から既に控除した特別控除額
> ②　その年において取得した相続時精算課税対象財産の価額の合計額

　本制度を選択した場合の贈与税額計算は，図表2-28-3のとおりである。

● 図表2-28-3　贈与税額計算例

年数	贈与額	贈与税額	計算式	特別控除残額
1年目	2,000万円	0円	2,000万円－110万円－1,890万円＝0円 課税対象額＝0円	610万円
2年目	800万円	16万円	800万円－110万円－610万円＝80万円 80万円×20%＝16万円	0万円
3年目	200万円	18万円	(200万円－110万円)×20%＝18万円 (すでに特別控除額は使い切ってしまっているため)	0万円

▶ 2. 特別控除の申告要件

　特別控除額の控除は，贈与税の期限内申告書にその控除を受ける特別控除額の記載がある場合に限り，適用される。

▶ 3. 相続税額の計算

　特定贈与者に相続が開始した場合には，相続時精算課税適用者はその特定贈与者から相続または遺贈により財産を取得したか否かにかかわらず，相続税の納税義務者となる。

　この場合の相続税額の計算は，それまでの特定贈与者からの贈与財産を相続財産に合算して現行と同様の課税方式（法定相続分による遺産取得課税方式）により計算した相続税額から，すでに支払ったこの制度にかかる贈与税額を控除して算出する。

　なお，すでに支払った贈与税額が相続税額から控除しきれない場合には，その控除しきれない贈与税相当額は還付を受けることになる。

　この場合における相続財産と合算する贈与財産の価額は，贈与時の時価とする。

●図表2-28-4　相続時精算課税適用者の相続税の課税価格

相続または遺贈により財産を取得したとき（相21条の15）	贈与財産を相続税の課税価格に加算
相続または遺贈により財産を取得しなかったとき（相21条の16）	贈与財産を相続または遺贈により取得したものとみなす

6　その他

▶ 1. 年の中途において推定相続人となった場合

　年齢18歳以上の者が，年齢60歳以上の贈与者の養子となったこと等の事由により，その年の中途においてその贈与者の推定相続人に該当することとなった場合には，その者が該当以前にその贈与者から贈与により取得した財産は，相続時精算課税の対象とならない。

▶ 2. 相続時精算課税適用者が推定相続人でなくなった場合

　相続時精算課税適用者が，離縁により特定贈与者の養子でなく

なった等により，特定贈与者の推定相続人でなくなった後にその特定贈与者から贈与により取得した財産は，相続時精算課税の対象となる。

▶ 3. 特定贈与者の死亡以前に相続時精算課税適用者が死亡した場合

特定贈与者の死亡以前にその特定贈与者にかかる相続時精算課税適用者が死亡した場合には，その相続時精算課税適用者の相続人は，その相続時精算課税適用者が相続時精算課税の適用を受けていたことに伴う納税にかかる権利または義務を継続する。

（相続時精算課税制度の撤回）

　この制度を選択した場合は，受贈者はその贈与者が亡くなるまで継続適用となり，制度の撤回はできない。

29 | 住宅取得等資金にかかる相続時精算課税制度

相続時精算課税制度において，自己の居住の用に供する一定の家屋を取得する資金または自己の居住の用に供する家屋の一定の増改築のための資金の贈与を受ける場合に限り，60歳未満の親からの贈与についても適用することとする（措法70条の3）。

1 適用を受けることができる人

適用が受けられる者は，図表2-29-1に掲げる贈与者と受贈者の関係がある場合に限られる。

●図表2-29-1　適用が受けられる贈与者・受贈者の要件

① 贈与者に年齢制限はない（60歳未満でも可）
② ⓐ 受贈者は贈与を受けた時に贈与者の直系卑属（子や孫）である推定相続人または孫であること ⓑ 受贈者は贈与を受けた年の1月1日において18歳以上であること

2 適用要件

令和8年12月31日までの間に，贈与者の推定相続人に該当する者が贈与により住宅取得資金を取得した場合，次のいずれかに該当するときは，その受贈者の選択により，相続時精算課税制度を選択することができる。

① 住宅取得資金を取得した年の翌年3月15日までに，その取得資金の全額を住宅用家屋の新築・取得（その敷地の土地の対価・借地権の取得を含む）の対価にあてて，その受贈者の

💡 補足

住宅取得資金とは，特定受贈者による住宅用家屋の新築，取得または増改築の対価にあてるための金銭をいう。ただし，特定受贈者の直系血族等からの住宅用家屋の取得は除く。

居住の用に供したときまたは供することが確実であると見込まれるとき

② 住宅取得資金を取得した年の翌年３月15日までに，その取得資金の全額を既存住宅用家屋の取得（その敷地の土地の対価・借地権の取得含む）の対価にあてて，その受贈者の居住の用に供したときまたは供することが確実であると見込まれるとき

③ 住宅取得資金を取得した年の翌年３月15日までに，その取得資金の全額をその受贈者が居住の用に供している家屋の増改築（その敷地の土地の対価・借地権の取得含む）の対価にあてて，増改築し，その受贈者の居住の用に供したときまたは供することが確実であると見込まれるとき

3 住宅用家屋の要件

受贈者が主として居住の用に供すると認められる家屋で次の要件を満たす家屋をいう。

▶ 1. 家屋を取得する場合

① 家屋の床面積（区分所有の場合には，当該区分所有する部分の床面積）が40m²以上であること

② 新築または購入する家屋が中古の場合は，新耐震基準に適合している住宅用家屋であること

③ 床面積の2分の1以上に相当する部分が専ら居住用に供されるものであること

④ その他所要の要件を満たすこと

▶ 2. 家屋を増改築する場合

増改築とは，その者が所有する家屋について行う増築，改築，大規模の修繕，大規模な模様替その他の工事で次の要件を満たすものをいう。

① 増改築の工事費用が100万円以上で，居住用部分の工事費が全体の2分の1以上であること

② 増改築後の家屋の床面積（区分所有の場合には，当該区分所有する部分の床面積）が40m²以上であること

③ 増改築等後の家屋の床面積の2分の1以上に相当する部分が専ら居住の用に供されること

④ その他所要の要件を満たすこと

4 適用期間

この特例は，令和8年12月31日までの間に贈与により取得した金銭について適用する。

5 居住要件を欠く場合の遡及是正

住宅取得資金について相続時精算課税の適用を選択した者が，その住宅取得資金を贈与により取得した年の翌年3月15日後において，適用要件を欠くこととなった場合には，この特例を受けるために提出した相続税精算課税選択届出書の提出はなかったものとみなされ，また，遡ってこの特例にかかる相続税精算課税の適用が否認される。

相続時精算課税制度と住宅取得等資金にかかる相続時精算課税制度は，贈与者の年齢要件が異なるので注意しよう。

30 | 非上場株式等にかかる贈与税の納税猶予制度

1 納税猶予制度の概要

関連過去問題
✐2023年3月
　問37

　贈与税の納税猶予制度とは，法人の代表者等から，その保有する株式の全部または一定以上の取引相場の無い株式等（以下「非上場株式等」という）を，後継者である受贈者が贈与により取得し，その会社を経営していく場合には，その後継者が納付すべき贈与税額のうち，その株式等に対応する贈与税の全部または一定額についてその納税を猶予する制度である。

　なお，平成30年度の税制改正により「事業承継税制の特例」が創設され，平成30年1月1日から令和9年12月31日までの間に贈与により取得する財産に係る贈与税については，適用要件等の大幅な緩和が行われている。

2 適用会社の要件

　「中小企業における経営の承継の円滑化に関する法律」にもとづき，会社が計画的な事業承継にかかる取組みを行っていることについて「経済産業大臣の認定」を受けた中小企業者で，贈与時において次の要件を満たすことが必要である。

　①　常時使用する従業員が1人以上あること
　②　資産保有型会社または資産運用型会社に該当しないこと
　③　非上場会社であること
　④　風俗営業会社に該当しないこと

第2編

3 　後継者である受贈者の要件

　適用会社の非上場株式等の贈与を受けた個人で，贈与の時にお
いて次の要件のすべてを満たすことが必要である。
① 　会社の代表であること
② 　その年1月1日において18歳以上であること
③ 　役員の就任から3年以上を経過していること
④ 　後継者およびその同族関係者の保有する合計の議決権数が
　　発行済議決権総数の50％超であること
⑤ 　後継者の保有する議決権数が同族関係者の中で筆頭である
　　こと

4 　先代経営者である贈与者

　贈与税の納税猶予制度の対象となる贈与者は次のとおりである。
① 　会社の代表者であったこと
② 　贈与の時までに会社の代表者を退任すること
③ 　贈与の直前において，贈与者および贈与者とその同族関係
　　者の保有する合計の議決権数が発行済議決権総数の50％超で
　　あり，かつ，後継者を除いたこれらの者のなかで最も多くの
　　議決権数を保有していたこと

5 　手続きと担保提供

　贈与税の申告期限までに，この特例の適用を受ける旨を記載し
た贈与税の申告書および一定の書類を税務署に提出するとともに，
納税が猶予される贈与税額および利子税に見合う担保を税務署に
提供する必要がある。

6 特例の対象となる非上場株式等の数

この特例の対象となる非上場株式等の数は図表2-30-1に示した数が限度となる。

● 図表2-30-1　特例の対象となる非上場株式の数

区分	特例の対象となる非上場株式等の限度額	特例の適用を受けるために必要な贈与株式等の数
A＋B＜C×2／3の場合	先代経営者が贈与前に保有していた非上場株式等の数	Aの全部
A＋B≧C×2／3の場合	発行済株式等の総数の3分の2から後継者が贈与前から保有する非上場株式の数を控除した数	C×2／3－B以上の数

A：先代経営者（贈与者）が贈与直前に保有する非上場株式の数
B：後継者（受贈者）が贈与前から保有していた非上場株式の数
C：贈与直前の発行済株式等の総数

7 納税が猶予される贈与税額

納税が猶予される贈与税額＝特例の適用を受ける非上場株式等のみを贈与により取得したと仮定して計算した贈与税額

● 図表2-30-2　納税猶予額と贈与税額との関係図

納付贈与税額	＝	1年間（1月1日～12月31日）に贈与を受けたすべての財産の価額の合計額に対応する贈与税額	－	特例の適用を受ける非上場株式等の額に対応する贈与税額（納税猶予額）

8 納税猶予期間中の手続き

① 贈与税の申告期限後5年間

引き続きこの特例を受ける旨および会社の経営に関する事項を記載した「継続届出書」を毎年，所轄税務署に提出する。

② 贈与税の申告期限から5年経過後

「継続届出書」を3年ごとに所轄税務署に提出する。

③　「継続届出書」の提出がない場合等

「継続届出書」の提出がない場合や，特例の適用を受けた非上場株式等を譲渡するなど一定の場合には，納税が猶予されている贈与税の全額または一部について利子税と併せて納付する必要がある。

9　納税猶予の免除と相続税の納税猶予

次の場合は猶予されている贈与税額が免除される。

①　贈与者が死亡した場合：贈与者から受贈者に対し，贈与時の時価により相続があったものとみなして，相続税の納税猶予制度の適用が可能とされる。この場合，相続の開始から8か月以内に相続税の納税猶予制度を前提とした経済産業大臣認定の要件を満たすことの確認を受けることが必要である。

②　受贈者が死亡した場合

10　新事業承継税制（贈与税の納税猶予特例制度）の概要

平成30年1月1日から令和9年12月31日までの間限定の制度であり，この特例を適用するには特例承継計画を都道府県に対して提出する必要がある（その届出の提出がない場合には，現行制度の適用となる）。現行制度（一般措置）との相違点は以下のとおりである。

内容	一般措置	特例措置
適用対象株式の上限	発行済議決権株式の2／3	発行済議決権株式の全て
適用対象者	先代経営者等から1人の後継者に対する贈与のみが対象	親族外を含む複数の贈与者から，代表者である後継者（最大3人）まで対象（複数人で承継する場合には議決権割合の10％以上を有し，かつ議決権保有割合が上位3位までの同族関係者に限る）
雇用維持要件	雇用の8割を維持	雇用の8割を維持できなかった場合でも，条件付で猶予を継続可能
株式を譲渡した場合	猶予税額を納付	一定の要件の下で納税額を減免
相続時精算課税	推定相続人に対する贈与のみ	推定相続人に対する贈与以外も適用可能

　　非上場株式等にかかる納税猶予制度には，現行制度である一般措置と，期間限定の特例措置がある。特例措置を適用する場合には，令和8年3月31日までに特例承継計画を提出する必要がある。

31 直系尊属から住宅取得等資金の贈与を受けた場合の特例

　平成27年1月1日から令和8年12月31日までの間に，父母や祖父母など直系尊属から住宅取得等資金の贈与を受けた受贈者が，贈与を受けた年の翌年3月15日までにその住宅取得等資金を自己の居住の用に供する一定の家屋に新築もしくは取得または一定の増改築の対価にあてて新築もしくは取得または増改築等をし，その家屋を同日までに自己の居住の用に供したときまたは同日以降遅滞なく自己の居住の用に供することが確実であると見込まれるときには，住宅取得等資金のうち一定金額について贈与税を非課税とすることができる（措法70条の2）。

1　適用を受けることができる人

　適用を受けることができる人は，次のすべてを満たす人であること。

① 贈与を受けた時に贈与者の直系卑属であること

　なお，直系卑属とは子や孫などのことであるが，子や孫の配偶者は含まれない。

② 贈与を受けた年の1月1日において18歳以上であること

③ 贈与を受けた年の合計所得金額が2,000万円以下（一定の場合は1,000万円以下）であること（5の表を参照）

2　住宅取得等資金の範囲

　住宅取得等資金とは，受贈者が自己の居住の用に供する一定の家屋を新築もしくは取得または自己の居住の用に供している家屋

の一定の増改築等の対価にあてるための金銭をいう。

　なお，一定の家屋の新築もしくは取得または一定の増改築等には，その家屋の新築もしくは取得または増改築等とともに，その家屋の敷地の用に供されることとなる土地や借地権などの取得も含まれる。

　ただし，受贈者と一定の親族など特別な関係のある者との請負契約その他の契約にもとづく新築もしくは増改築等またはこれらの者からの取得の対価にあてるためのものは，非課税の特例の対象となる住宅取得等資金には含まれない。

3　適用ができる家屋・増改築の要件

　「適用ができる家屋」とは，次の要件を満たす日本国内にある家屋をいう。

① 　家屋の登記簿上の床面積が40m^2（242頁の表を参照）～240m^{2}の範囲であること

② 　購入する家屋が中古の場合は，新耐震基準に適合している住宅用家屋であること

③ 　床面積の2分の1以上に相当する部分が専ら居住の用に供されるものであること

④ 　その他所要の要件を満たすこと

また，「適用ができる増改築等」とは，次の要件を満たすものであること。

① 　増改築等の工事に要した費用が100万円以上で，居住用部分の工事費が全体の2分の1以上であること

② 　増改築等後の家屋の床面積の2分の1以上に相当する部分が専ら居住の用に供されること

③ 　増改築等後の家屋の登記簿上の床面積が40m^2（下掲の表を参照）～240m^{2}の範囲であること

④ その他所要の要件を満たすこと

4 非課税となる金額

住宅用家屋の取得等にかかる契約の締結期間	省エネ等住宅	左記以外の住宅
契約の締結時期にかかわらず	1,000万円	500万円

5 特例を受けるための手続き

　非課税の特例の適用を受けるためには，贈与を受けた年の翌年2月1日から3月15日までの間に，非課税の特例の適用を受ける旨を記載した贈与税の申告書に計算明細書，戸籍謄本，住民票の写し，登記事項証明書，新築や取得の契約書の写しなど一定の書類を添付して，納税地の所轄税務署に提出する必要がある。

　（注）　床面積要件の下限は，適用を受ける人の所得に応じ次のようになる。

贈与を受けた年の合計所得金額	登記簿上の床面積
1,000万円以下	40m²以上240m²以下
1,000万円超2,000万円以下	50m²以上240m²以下

この特例は，受贈者の所得要件があるので注意しよう。

32 | 教育資金の一括贈与にかかる贈与税の非課税制度

1 制度の概要

令和8年3月31日までの間に，受贈者（30歳未満の者に限り，平成31年4月1日以後は信託等をする年の前年の合計所得金額が1,000万円を超える者を除く）が教育資金に充てるため，金融機関との教育資金管理契約にもとづき，受贈者の直系尊属から信託受益権を付与された場合において，書面による贈与により金融機関に預入をした場合または書面による贈与により取得した金銭で有価証券を購入した場合には，これらの価額のうち1,500万円までの金額については，金融機関を経由して教育資金非課税申告書を提出することにより贈与税が非課税になる。

その後，受贈者が30歳に達するなどにより，教育資金口座にかかる契約が終了した場合には，非課税拠出額から教育資金支出額を控除した残額が終了年度に贈与があったものとみなされる（措法70条の2の2）。また，その贈与税を計算する場合は「一般税率」による。

2 教育資金

教育資金とは次のものをいう。

① 学校等に対して直接支払われるもの

　入学金，授業料，入園料，保育料，施設整備費，入学試験検定料等，学用品の購入費，修学旅行費，学校給食費等

② 学校以外に対して直接支払われるもの（限度は500万円）

●図表2-32-1　教育資金の一括贈与にかかる非課税制度のイメージ図

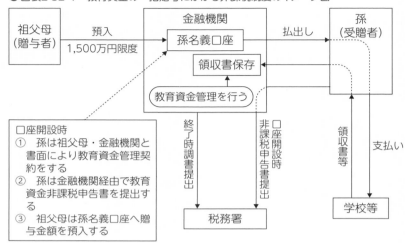

　学習塾，そろばん等教育に関する役務の提供または指導の対価，スポーツ，文化芸術に関する活動にかかる指導への対価等，学校が必要と認めたもの。「通学定期券代」または「外国の教育施設に就学するための渡航費（1回の就学につき1回の往復に要するものに限る）または学校等（外国の教育施設を除く）への就学に伴う転居に要する交通費であって公共交通機関に支払われるもの（1回の就学につき1回の往復に要するものに限る）」

　令和元年7月1日以後に支払われる教育資金からは，23歳以上の受贈者にかかる学校等以外の者に支払われる金銭（教育訓練給付金の支給対象となる教育訓練の受講費を除く）が除外される。

3 ## 特例を受けるための手続き

　この非課税制度の適用を受けるためには，教育資金口座の開設等を行ったうえで，教育資金非課税申告書および所得要件確認書類をその口座を開設した金融機関を経由して，信託または預入を

する日までに，受贈者の納税地の所轄税務署長に提出しなければ
ならない。

4 教育資金口座からの払出しおよび教育資金の支払い

　教育資金口座からの払出しおよび教育資金の支払いを行った場
合には，教育資金管理契約にもとづいて，その金銭にかかる領収
書などその事実を証する書類を教育資金口座を開設した金融機関
に提出する必要がある。

5 契約期間中に贈与者が死亡した場合

　贈与者が死亡した場合，原則として管理残額を相続等により取
得したものとする。

　受贈者が次のいずれかに該当する場合は，課税対象外となる。

① 　23歳未満である場合

② 　学校等に在学している場合

③ 　教育訓練給付金の支給対象となる教育訓練を受けている場
　　合

　ただし，上記要件を満たす場合でも，令和5年4月1日以後に
贈与者から信託受益権等の取得をし，同日以後に贈与者が死亡し
たときにおいて，贈与者の相続税の課税価格の合計額が5億円を
超える場合は課税対象となる。

● 図表2-32-2　拠出時期による贈与者死亡時の相続税課税の比較（イメージ）

拠出時期	〜平成31年3月31日	平成31年4月1日 〜令和3年3月31日	令和3年4月1日〜
1 相続財産への加算	加算なし	死亡前3年以内の拠出分に限り，加算あり	加算あり
2 相続税額の2割加算の適用	適用なし	適用なし	適用あり

第 **3** 編

法人税

1 法人税の納税義務と課税所得の範囲

関連過去問題
📖 2024年3月
　問39
📖 2023年10月
　問39
📖 2022年10月
　問39

1 法人の種類

　法人とは会社など，自然人以外で法律上の権利義務の主体となるものをいうが，法人税法では，課税されるかどうか，どのような所得に課税されるかどうかという観点から，国内に本店または主たる事務所を有する「内国法人」とそれ以外の「外国法人」とに大別したうえで，5種類に分類している（法2条）。

●図表3-1-1　法人の種類

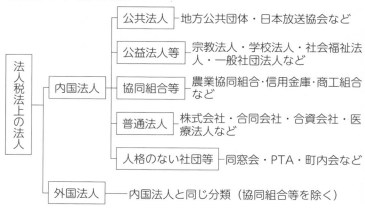

🖉 補足
内国法人には，その所得の源泉が国内であるか国外であるかを問わず，本店所在地において法人税を納める義務がある。
外国法人には，日本国内において行う事業などから生ずる所得がある場合に限り，納税義務がある。

2 各種法人の納税義務

　法人は5種類に分類されるが，そのうち公共法人（地方公共団体など）は，その公共的性格を配慮し，法人税はいっさいかからない。

しかし，それ以外の法人は，その性格に応じて課税される所得（法人税法上のもうけ）および課税される法人税が異なっている（法４条）。

● 図表3-1-2　各種法人の納税義務

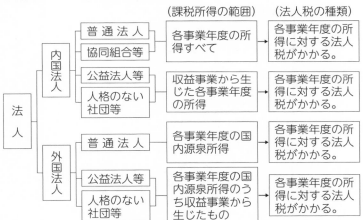

（注）退職年金業務等を行う法人は退職年金等積立金に対しても法人税がかかることとされているが，平成 11 年 4 月 1 日から令和 8 年 3 月 31 日までの間に開始する各事業年度の退職年金等積立金については，法人税の課税が停止されている。

直近5回試験の出題頻度 ☆☆☆☆☆

2 同族会社と特別規定

1 同族会社に関する規定の概要

同族会社は，一部の少数株主等が実質的に会社を支配しているため，非同族会社では通常なしえないような行為や計算によって，合法的に税負担の回避を図りやすい。

重要用語
同族会社

そのため，法人税法は一定の条件に該当する会社を**同族会社**と呼び，非同族会社と区別して同族会社に対して以下の特別規定を設けて課税の公平を期すことにしている（法２条）。

●図表3-2-1　同族会社に対する特別規定

同族会社に対する特別規定	役員の認定および使用人兼務役員の制限
	行為計算の否認

2 同族会社の意義

同族会社とは，上位３グループ（株主等３人以下ならびにこれらの同族関係者）が有する株式等が，発行済株式総数等（自己株式数を除く）の50％超を占めている会社をいう。

3 同族会社に対する特別規定

同族会社に該当する場合には，次の特別規定が適用される。

①　役員の認定と使用人兼務役員の制限

同族会社の実態からみて，使用人であっても一定要件に該当するものは役員とみなされる。さらに，一定要件に該当する役

員は，使用人としての職務を有する役員であっても使用人兼務役員であることを認めないものとされている。

② 行為計算の否認

　同族会社は，税負担の軽減を図るために経済的に合理性のない行為等を行うおそれがあるので，同族会社が行った行為や計算をそのまま容認すると，法人税の負担が不当に減少すると税務署長が判断したときは，合法かどうかにかかわらずその行為や計算を否認することができるものとされている。

3 | 所得金額の計算

関連過去問題
- 2024年3月 問44
- 2023年10月 問44
- 2023年3月 問44
- 2022年10月 問43
- 2022年3月 問44

重要用語
所得金額

1 当期純利益と所得金額との関係

法人税は，法人の所得金額に対して課税される税金であるが，法人は事業年度ごとに次の算式で利益を計算している。

収益の額－原価・費用・損失の額＝ 当期純利益

一方，法人税法では，所得金額は次の算式で計算することになっている（法22条）。

益金の額－損金の額＝ 各事業年度の所得金額

このように，当期純利益と所得金額を算出する算式は異なっているが，法人税法は，基本的には「当期純利益」を前提にし，収益と益金，費用等と損金とで，税法と企業会計とが食い違う部分だけを図表3-3-1のように当期純利益にプラス（申告加算という）マイナス（申告減算という）することによって「所得金額」を算出することにしている。

重要用語
申告加算
申告減算

2 益金の額・損金の額

益金の額から損金の額を控除して各事業年度の所得金額を計算することになるが，益金・損金とは次の金額のことをいう。

重要用語
益金の額

① 益金の額…法人税法で別に定めているもの（別段の定めという）を除き，資産の販売，有償または無償による資産の譲渡・役務の提供その他の取引で，資本等取引以外の取引に係

●図表3-3-1　当期純利益と所得金額

| 企業会計上の当期純利益 | ××× |

申告調整
+　（＋）申告加算　　＋××
−　（−）申告減算　　−××

| 法人税法上の所得金額 | ××× |

る当事業年度の収益の額

②　損金の額…別段の定めを除き，売上原価，販売費および一般管理費，その他の費用（償却費および債務の確定したものに限る）で，資本等取引以外の取引に係る当事業年度の損失の額

つまり，別段の定めを除くと企業会計上の収益や原価・費用・損失とほぼ同じものということができる。

重要用語
損金の額

3　別段の定め

企業会計上の収益や原価・費用・損失と法人税法上の益金や損金は，ほぼ同じものであるが，税法には，社会政策や産業政策などが入ってくるため不一致の部分が発生する。

そのため，所得金額は，確定決算上の当期純利益を基礎に所要の加算や減算を行って誘導的に算出されるが，この手続きのことを「税務調整」といい，税務調整は決算調整と申告調整に大別される。いずれも法人税法において「別段の定め」として規定されている。

▶ 1.　決算調整

決算調整とは，確定決算で所定の経理（費用計上）をしていなかった場合には税務上認められないものについて，決算において所定の会計処理をすることをいう。

たとえば，損金経理することが損金算入の条件である減価償却

重要用語
決算調整

第3編

費，貸倒引当金繰入額，在庫評価損などが決算調整事項である。

重要用語

申告調整

▶ 2. 申告調整

法人税の申告書上で，確定決算上の当期純利益に加算減算することによって所得金額を算出する手続きを申告調整といい，法人税申告書別表４という用紙において行われる。

たとえば，別表４において次のように所得金額が算出される。

申告調整

①**当期利益**（P/Lの当期純利益）	XXX	
②損金経理した法人税額	+XX	
③損金経理した住民税額	+XX	
④損金経理した納税充当金(未払法人等のこと)	+XX	
⑤減価償却資産の償却超過額	+XX	
⑥交際費等の損金不算入	+XX	
⑦納税充当金から支出した事業税額	−XX	
⑧受取配当等の益金不算入	−XX	
⑨法人税額から控除される所得税額	+XX	
⑩**所得税額**＝①＋②＋③＋④＋⑤＋⑥−⑦−⑧＋⑨	XXX	

4 | 収益の計上基準

1 収益計上基準の原則

重要用語
収益計上基準

　当事業年度の収益の額は，原則として，一般に公正妥当と認められる会計処理の基準に従って会計処理をしていれば，その会計処理が認められる（法22条）。そのため，収益の計上時期は棚卸資産の引渡しまたは役務の提供の日 ^(注) の属する事業年度となる（法22条の2）。

　ただし，次のような特殊な販売形態の場合は，以下のように取り扱われる。

① 委託販売…原則として受託者が受託商品を販売した日であるが，売上計算書到着日に計上してもよい。

② 固定資産の譲渡…原則として引き渡した日に収益計上する。ただし，土地・建物等については，契約の効力発生日に計上してもよい。

（注）　出荷日，検収日，作業結了日，使用収益開始日など

第3編

5 受取配当等の益金不算入

1 益金不算入の概要

　法人が受け取った配当金は，企業会計上，損益計算書において収益に計上される。ところが，配当支払法人側における配当の支払い原資は，すでに法人税が課税された後の利益である。

　そのような課税済みの利益について受け取った配当受取法人側で法人税課税を行うと，いわゆる「二重課税」の状態が生じてしまうことになる。

　そこで，法人が受け取った配当等については，申告書に記載（申告減算）することを条件に，受取配当等の金額のうち一定金額を益金の額に算入しないこととされている（法23条）。

●図表3-5-1　益金不算入の概要

補足

益金不算入の対象とならないものには基金利息・建設利息・保険契約者配当金・協同組合事業分量配当金・貸付信託収益分配金などがある。

2 益金不算入の対象となる受取配当等の金額

　法人が保有する株式等は，支配目的のものと資産運用目的のものとがあり，後者からの受取配当等については全額益金不算入とする必要がないという考え方から，受取配当等の金額のうち益金不算入となる金額は，株式保有割合に応じて内国法人から受ける

株式保有割合に応じた受取配当等	受取配当等の益金不算入額
①完全子法人株式（100％保有）からの受取配当等	受取配当等の金額の100％
②関連法人株式等（3分の1超保有）からの受取配当等	受取配当等の金額から負債利子[注1]を控除した金額の100％
③その他株式等（5％超・3分の1以下の保有）からの受取配当等	受取配当等の金額の50％
④非支配目的株式等（5％以下の保有）[注2]	受取配当等の金額の20％

(注1) 関連法人株式等の取得にあたって負債利子がある場合には，配当等は益金不算入になるにもかかわらず，金額的に多額となることの多い関連法人株式等の取得にかかる負債利子は損金に算入されることは課税の公平を欠くため，その負債利子は受取配当等の額から控除するものとされている。

(注2) 外国株価指数連動型特定株式投資信託以外の特定株式投資信託の受益権を含む。

上表の金額とされている（法23条）。

なお，外国法人（外国子会社を除く）や公益法人または人格のない社団等から受けるものは対象外である。

3 みなし配当に対する適用

合併，解散，自己株式の取得等に際して，株主等に対して利益積立金額部分から支払われる金額は，実質的に剰余金の配当と同じであることから，これを法人税法上は配当とみなして，益金不算入の規定を適用することとされている（法24条）。

4 外国子会社からの配当の益金不算入

グローバル化の進展に伴って日本企業の海外子会社が獲得した利益を国内に還流させる目的で，国内の親会社が外国子会社（親会社の持株割合が25％以上）から受け取った配当金については，その95％を益金の額に算入しないものとされている（法23条の2）。

6 | 棚卸資産の評価

1 棚卸資産の意義

棚卸資産とは，将来販売または一般管理活動を行うために保有している商品，製品・販売用不動産，半製品，原材料，仕掛品・未成工事支出金，消耗品で貯蔵中の物などをいう。

2 棚卸資産の評価と売上原価

各事業年度の所得金額の計算上，損金の額に含まれる売上原価は，次の算式で算定されるため棚卸資産の期末評価を行う（法29条）。

期首棚卸高＋当期仕入高－期末棚卸高＝| 売上原価 |

3 棚卸資産の評価方法

選定することができる棚卸資産の評価方法には，原価法（6種類）と低価法がある（図表3-6-1参照）。

4 法定評価方法

評価の方法を選定しなかった場合には，最終仕入原価法によって評価することになる。

5 棚卸資産の評価損

棚卸資産に次の事実が生じた場合には，例外として評価損の計

●図表3-6-1　棚卸資産の評価方法

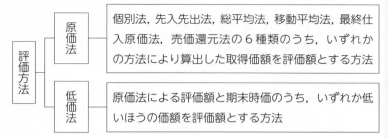

上（評価減）が認められている。

①　災害により著しく損傷したこと

②　著しく陳腐化したこと

③　会社更生法などにより評価換えの必要が生じたこと

7 ｜ 有価証券の損益

1 有価証券の譲渡損益

有価証券を譲渡した場合，その譲渡損益の額は，原則として譲
渡の契約をした日の属する事業年度の益金または損金の額に算入
することとされている（法61条の2）。

譲渡対価－譲渡原価＝ 譲渡損益額

2 帳簿価格の算出方法

有価証券の譲渡原価を計算する場合の一単位当たりの帳簿価格
の算出方法は，移動平均法または総平均法によって行う。

なお，有価証券は売買目的有価証券，満期保有目的等有価証券，
その他有価証券に区分され，帳簿価格の計算は，それらに区分し
た後のそれぞれの銘柄で計算するものとされている。

●図表3-7-1　帳簿価格の算出方法

3 期末保有有価証券の評価方法

期末に有する有価証券の評価方法は，有価証券の区分に応じて
図表3-7-2の方法によることとされている（法61条の3）。

なお，償却原価法とは，帳簿価額と償還金額との差額を償還期

●図表3-7-2　期末保有有価証券の評価方法

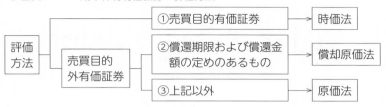

限までの期間で期間配分をした金額で評価する方法である。

4　売買目的有価証券の評価損益

　資産の評価益または評価損は，原則として評価益については益金不算入，評価損については損金不算入と規定されている。ただし，期末に売買目的有価証券を有する場合には，例外として，その評価益または評価損について，その事業年度の益金の額・損金の額に算入するものとされている。

5　有価証券の評価損

　有価証券に次の事実が生じた場合には，例外として評価損の計上が認められている。

① 　取引所売買有価証券等（企業支配株式を除く）の価額が著しく低下したこと
② 　①以外の有価証券の資産状態が著しく悪化したため，その価額が著しく低下したこと
③ 　会社更生法などにより評価換えの必要が生じたこと

8 減価償却資産の償却費

関連過去問題
- 2024年3月 問41, 問43
- 2023年3月 問39
- 2022年10月 問40
- 2022年3月 問39, 問41

重要用語
償却限度額

1 償却費の損金算入制度の概要

　減価償却資産の償却費は，企業会計において費用等として計上されるが，税法上，損金の額に算入される金額は，償却費として損金経理をした金額のうち，選定した償却方法にもとづいて計算した償却限度額に達するまでの金額とされている（法31条）。

● 図表3-8-1　償却費の損金算入制度の概要

損金経理した額
償却限度額
}いずれか少ない額→ 損金算入額

　したがって，損金経理した額が償却限度額を上回る場合には，償却超過額として申告加算する。

　なお，減価償却費は内部計算事項であるから，いくら計上するかその意思表示を確定決算（損金経理）に求めているのである。

2 減価償却資産の意義

　減価償却資産とは，時の経過により減価していく資産をいい，具体的には図表3-8-2の資産のことをいう。

3 減価償却資産の償却方法

▶ 1. 選定できる償却方法

　主な減価償却資産の償却限度額の計算上選定できる償却方法

補足
償却方法を変更しようとするときは，事業年度の開始日の前日までに申請をしなければならない。

● 図表3-8-2　減価償却資産の種類

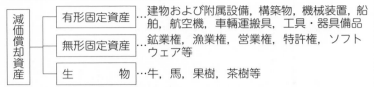

減価償却資産
- 有形固定資産 … 建物および附属設備，構築物，機械装置，船舶，航空機，車輌運搬具，工具・器具備品
- 無形固定資産 … 鉱業権，漁業権，営業権，特許権，ソフトウェア等
- 生物 … 牛，馬，果樹，茶樹等

● 図表3-8-3　主な減価償却資産の償却方法

区分	取得時期		
	平成 19 年3月 31 日以前	平成 19 年4月1日以後 平成 28 年3月 31 日以前	平成 28 年4月1日以後
建物	旧定額法^(注1)	定額法	定額法
建物附属設備	旧定額法または旧定率法	定額法または定率法	
構築物			
その他の有形固定資産			定額法または定率法
リース資産		リース期間定額法	
無形固定資産^(注2)	定額法		

（注1）平成 10 年 3 月 31 日以前に取得されたものについては，旧定額法または旧定率法
（注2）鉱業権等を除く

は，図表3-8-3の方法である。

▶ 2. 法定償却方法

　法人は，減価償却方法を選定して所轄税務署長に届出を行うが，届出書を提出しなかった場合，税法が定める償却方法（法定償却方法）を選定したものとみなされる。

　有形固定資産にかかる法定償却方法は，定率法である（定額法が強制される建物，建物附属設備，構築物を除く）。

4　償却限度額

　減価償却資産の償却限度額は，その資産の法定耐用年数にもとづき，選定した償却方法によって次の算式で計算した金額である。

▶ 1. 定額法

$$(取得価額-残存価額) \times 償却率 \times \frac{事業の用に供した月数}{当期の月数} = \boxed{償却限度額}$$

上記算式の残存価額は，平成19年3月31日までに取得等した有形固定資産（旧定額法）は取得価額の10%，無形固定資産は0であるが，同年4月1日以後に取得等したものはすべて0である。

▶ 2. 定率法

① 　調整前償却額≧償却保証額　の場合 [注1] [注2]（当初の計算）

$$未償却残高 \times 償却率 \times \frac{事業の用に供した月数}{当期の月数} = \boxed{償却限度額}$$

（注1）　償却保証額＝取得価額×保証率

（注2）　調整前償却額…上記の計算式によって計算した金額

② 　調整前償却額＜償却保証額　の場合（一定の年度より後半の期間）

$$改定取得価額 ^{[注3]} \times 改定償却率 ^{[注4]} = \boxed{償却限度額}$$

（注3）　改定取得価額…初めて「調整前償却額＜償却保証額」となった年の期首未償却残高

（注4）　改定償却率…改定取得価額に対し，その償却額が以降の耐用年数で同一（定額）となるような償却率

なお，定率法の償却率は，平成19年4月以後に取得した減価償却資産は250%定率法が，平成24年4月以後に取得した減価償却資産は200%定率法が適用される。

5 　償却可能限度額

平成19年3月31日までに取得等した有形減価償却資産の償却可能限度額は，原則として取得価額の95%である。一方，平成19年4月1日以降に取得等した減価償却資産については，備忘価額

1円になるまで償却することができるように改正されている。

　なお，平成19年３月31日までに取得等した減価償却資産の帳簿価額が取得価額の５％になった場合（＝減価償却累計額が取得価額の95％に達したとき）には，その翌事業年度からその帳簿価額から１円を控除した額を５分の１ずつ損金の額に算入することができる。

6　少額減価償却資産等

▶ 1.　少額減価償却資産の損金算入

重要用語
少額減価償却資産

　使用可能期間が１年未満または取得価額10万円未満の減価償却資産は，事業の用に供したときに損金経理した場合には損金の額に算入される。

　なお，取得価額10万円以上の減価償却資産であっても，中小企業者等が，平成18年４月１日から令和８年３月31日までの間に取得価額30万円未満の減価償却資産を取得等し損金経理した場合，年300万円を上限として全額が損金の額に算入される（措法67条の５）。

▶ 2.　一括償却資産の損金算入

重要用語
一括償却資産

　取得価額20万円未満の減価償却資産の全部または一部（一括償却資産という）について一括償却を選択した場合には，損金経理をした金額のうち次の算式で計算した金額を損金の額に算入する。

$$一括償却対象額 \times \frac{当該事業年度の月数}{36} = \boxed{損金算入額}$$

　　（注）　少額資産については，主要な事業として行われる場合を除き，貸付の用に供したものは，短期間で損金算入される特例の対象資産から除外されている。

9 | 繰延資産の償却費

関連過去問題
- 2023年10月
  問42
- 2022年10月
  問42

 重要用語

繰延資産

1 繰延資産の償却制度の概要

繰延資産とは，支出費用のうちその支出効果が1年以上に及ぶ図表3-9-1のものをいう。

●図表3-9-1 繰延資産の種類

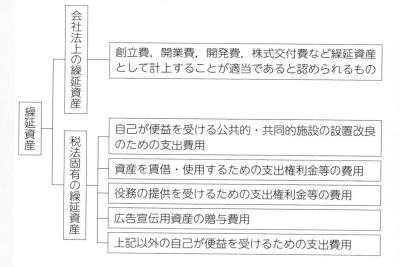

繰延資産

会社法上の繰延資産：創立費，開業費，開発費，株式交付費など繰延資産として計上することが適当であると認められるもの

税法固有の繰延資産：
- 自己が便益を受ける公共的・共同的施設の設置改良のための支出費用
- 資産を賃借・使用するための支出権利金等の費用
- 役務の提供を受けるための支出権利金等の費用
- 広告宣伝用資産の贈与費用
- 上記以外の自己が便益を受けるための支出費用

支出費用のうち，その支出効果が1年以上に及ぶ繰延資産の償却費として損金の額に算入される金額は，費用収益対応の原則を重視し，償却費として損金経理した金額のうち，その効果の及ぶ期間を基礎として計算される償却限度額に達するまでの金額とされている（法32条）。

●図表3-9-2　繰延資産の償却制度の概要

損金経理した額
償却限度額
｝いずれか少ない額→ 損金算入

2 償却限度額

　繰延資産の償却限度額は，次の算式で計算した金額である。

$$繰延資産の額 \times \frac{当期の月数（支出年度は支出日から期末までの月数）}{その費用の支出効果の及ぶ期間の月数} = 償却限度額$$

　なお，少額繰延資産（20万円未満）および会社法上の繰延資産は，支出時に全額損金経理により損金に算入することができる。

直近5回試験の出題頻度 ★★★☆☆

10 役員の給与・賞与・退職給与等

関連過去問題
- 2024年3月 問43
- 2023年10月 問41
- 2023年3月 問41

1 役員給与等取扱いの概要

役員給与等は，役員が自分で定めて自分に支給するものであるから，不相当に高額な場合があり，企業会計の処理をそのまま認め難いことが多いので，役員給与等に関して図表3-10-1の特別な規定が設けられている（法34条～36条）。

●図表3-10-1　役員給与に関する特別規定

役員給与に関する特別規定
- ①　過大役員給与の損金不算入
- ②　役員賞与等の損金不算入
- ③　過大役員退職給与の損金不算入

2 役員の意義

税法上の役員とは，商事法上の役員より範囲が広く，図表3-10-2の者をいう。

●図表3-10-2　役員の範囲

役員
- ①　法人の取締役，監査役,会計参与,理事,監事および清算人
- ②　①以外の者で，法人の経営に従事している右の者
  - 法人の使用人以外の者でその法人の経営に従事している者
  - 同族会社の使用人のうち，所有割合によって使用人兼務役員から除外される要件のすべてを満たしている者で，その会社の経営に従事している者

なお，使用人兼務役員とは，役員のうち，部長，課長その他法人の使用人としての職制上の地位を有し，かつ，常時使用人としての職務に従事する者をいう。

3 定期同額給与の損金算入

▶ 1. 原則的取扱い

　法人がその役員に対して支給する給与（退職給与等を除く）は，利益調整のおそれがあるため，原則として損金不算入とされている。

　しかしながら役員に対して支給される定期同額給与の額は，例外として損金の額に算入することとされている。

▶ 2. 定期同額給与の改定

　定期給与のうち，その事業年度開始日から3か月を経過する日までに定期給与が改定され，改定前および改定後の期間においてそれぞれ支給額が同額である場合には，定期同額給与として損金の額に算入される。

4 役員賞与の損金不算入

　役員に対して支給される役員賞与の額 [(注)] は，図表3-10-3の①と②を除き利益分配とみなして損金の額に算入されないものとさ

🔲 重要用語
定期同額給与

🔲 重要用語
役員賞与

● 図表3-10-3　役員賞与の損金算入

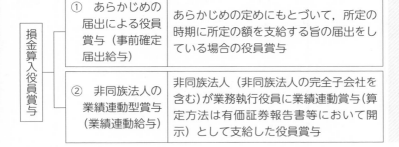

損金算入役員賞与	①　あらかじめの届出による役員賞与（事前確定届出給与）	あらかじめの定めにもとづいて，所定の時期に所定の額を支給する旨の届出をしている場合の役員賞与
	②　非同族法人の業績連動型賞与（業績連動給与）	非同族法人（非同族法人の完全子会社を含む）が業務執行役員に業績連動賞与（算定方法は有価証券報告書等において開示）として支給した役員賞与

れている。

（注）　使用人兼務役員に対する使用人分賞与のうち，一定のものを除く。

5 過大役員給与の損金不算入

役員に対して支給する給与のうち不相当に高額な部分の金額は，定期同額給与や事前確定届出給与であっても損金の額に算入しないものとされている。不相当に高額とは，図表3-10-4の①と②のうちいずれか多いほうの金額である。

● 図表3-10-4　過大役員給与の損金不算入

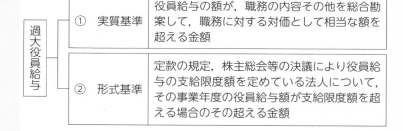

| 過大役員給与 | ① | 実質基準 | 役員給与の額が，職務の内容その他を総合勘案して，職務に対する対価として相当な額を超える金額 |
| | ② | 形式基準 | 定款の規定，株主総会等の決議により役員給与の支給限度額を定めている法人について，その事業年度の役員給与額が支給限度額を超える場合のその超える金額 |

6 過大役員退職給与の損金不算入

役員退職給与は，原則として損金の額に算入される。ただし，退職した役員に支給される役員退職給与の額のうち，不相当に高額な部分の金額は，損金の額に算入されないものとされている。

なお，不相当に高額かどうかは，その役員の従事期間，退職事情，事業規模等を勘案し判断される。

11 | 寄附金の損金不算入

1 寄附金の損金不算入の概要

寄附金は，反対給付を伴わない費用性の乏しい支出であるから，支出した寄附金のうち損金算入限度額を超える部分の金額は，損金の額に算入しないものとされている（法37条）。

2 寄附金の意義

寄附金の額とは，名義を問わず，金銭その他の資産または経済的利益の贈与または無償供与をした場合のその金銭の額，または，無償供与のときの資産の価額等をいう。また，低廉譲渡した場合の対価と時価の差額のうち，実質的に贈与等したと認められる金額も寄附金とみなされる。

この寄附金の額は，その支出対象により，図表3-11-1のように区分される。

● 図表3-11-1 寄附金の分類

寄附金の区分
- 国等に対する寄附金および指定寄附金
- 特定公益増進法人に対する寄附金
- 一般寄附金

なお，子会社などを整理・再建する場合の合理的な損失負担は，寄附金の額に該当しないこととされている。また，役員が負担すべき寄附金を法人が負担した場合は，その支出額は役員賞与となる。

関連過去問題
- 2023年10月 問40
- 2022年10月 問41
- 2022年3月 問42

重要用語
寄附金

補足
政治献金，神社仏閣，町内会に対する寄附金，関係会社に対する支援損などは一般寄附金として限度超過額の計算対象となる。

第3編

3 　損金算入限度超過額の取扱い

▶ 1. 一般寄附金

　神社仏閣や政治資金などの寄附金の額のうち，次の算式で計算した損金算入限度額を超える部分の金額は，損金の額に算入しないものとされている。

$$\left\{\left(\frac{資本金}{等の額}\times\frac{2.5}{1,000}\times\frac{当期の月数}{12}\right)+\left(\frac{所得}{金額}\times\frac{2.5}{100}\right)\right\}\times\frac{1}{4}=\boxed{\begin{array}{c}損金算入\\限度額\end{array}}$$

　なお，上記算式の所得金額とは，寄附をする前の法人税申告書別表四の仮計の額である。

▶ 2. 国等に対する寄附金および指定寄附金

　寄附金の額のうち次の金額は，前記損金算入限度額の対象とはならず，その全額が損金の額に算入される。

①　国または地方公共団体に対する寄附金

②　公益法人等に対する寄附金で，財務大臣が指定したもの（日本赤十字社に対する災害義援金等で指定寄附金という）

▶ 3. 特定公益増進法人に対する寄附金

　公益法人や社会福祉法人など公益の増進に著しく寄与する法人等（特定公益増進法人という）に対する寄附金の額は，一般寄附金とは別枠で，次の算式で計算した損金算入限度額を限度として損金の額に算入される。

$$\left\{\left(\frac{資本金}{等の額}\times\frac{3.75}{1,000}\times\frac{当期の月数}{12}\right)+\left(\frac{所得}{金額}\times\frac{6.25}{100}\right)\right\}\times\frac{1}{2}=\boxed{\begin{array}{c}損金算入\\限度額\end{array}}$$

4 　100％グループ内法人間の寄附金

　100％グループ内の内国法人間で寄附金があった場合には，寄附を行った法人においては，全額損金不算入となり，寄附を受けた法人においては全額益金不算入となる（法37条・25条の２）。

12 | 交際費等の損金不算入

1 交際費等の損金不算入の概要

関連過去問題
✎2024年3月
問40,問43
✎2023年3月
問39,問40
✎2022年3月
問39

📖重要用語
交際費等

交際費等は，取引を円滑にするためのものであるから，企業会計上は費用となる。

しかし，冗費を節約し，自己資本の充実を図るとともに健全な取引慣行を確立するという政策上の目的から，交際費の範囲を明確にし，支出した交際費の額のうち損金算入限度額（図表3-12-1）を超える部分の金額は，損金の額に算入しないものとされている（措法61条の4）。

●図表3-12-1 交際費等の損金算入限度額

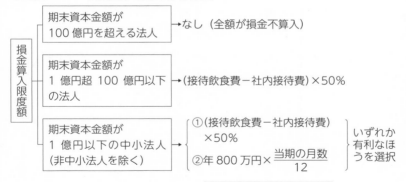

（支出交際費等の額−損金算入限度額）= 交際費等の損金不算入額

第3編

▶ 1.　交際費等の意義

　交際費等とは，得意先，仕入先，株主，役員，従業員など事業に関係のある者等に対する接待，供応，慰安，贈答その他これらに類する行為のために支出するものをいう。

　たとえば，創立○周年記念の宴会費，記念品代，取引先の役員・従業員等に対する取引の謝礼，社外の者に対する慶弔費，旅行・観劇等の招待費，入札の談合金などは，交際費に該当する。

▶ 2.　交際費等に該当しない費用

　次の費用は，交際費等から除かれる。

① 　従業員の慰安のための運動会・演芸会・旅行

② 　従業員等に対し一定の基準に従って支給する結婚祝や香典などの費用

③ 　カレンダー，手帳，タオルなどの物品の贈与費用

④ 　会議に関連した茶菓，弁当などの飲食費用

⑤ 　新聞，雑誌等の記事収集・取材などのための費用

⑥ 　令和6年4月1日以後に支出する1人当たり10,000円以下の飲食費（役員・従業員間を除く）

　（注）　令和6年3月31日以前に支出するものについては，1人当たり5,000円以下の飲食費（役員・従業員間を除く）であった。

⑦ 　情報提供を行うことを業としていない者への情報提供料

⑧ 　取引先に支出される金銭・事業用資産・少額物品などの売上割戻し

⑨ 　小売業者が一般消費者に交付する景品，観劇などへの招待

なお，役員に毎月支給（定額）する渡切り交際費は，役員報酬として取り扱われる。

💡 補足

1人当たり10,000円以下の飲食費に関する改正は，事業年度単位ではないことに注意すること。

理解度チェック

❶ 従業員の慰安のための運動会に要した費用は，法人税法上，交際費等として取り扱われる。

❷ 会議に関連した茶菓の費用は，法人税法上，交際費等として取り扱われる。

❸ 取引先の役員に対する取引の謝礼は，法人税法上，交際費等として取り扱われる。

解答 ❶ × 交際費等から除かれる。
      ❷ × 交際費等から除かれる。
      ❸ ○

13 | 租税公課

関連過去問題
- 2023年3月
  問43
- 2022年3月
  問40

📖 **重要用語**

租税公課

1 租税公課の取扱いの概要

事業を遂行するにあたって徴収される租税公課は，費用または利益控除の性格を有するものとして原則として損金の額に算入される。

しかし，租税公課のうち損金の額に算入すると循環的な所得変動が発生するため税収の安定確保が困難になるもの（法人税や県市民税など）や違法行為に対するペナルティとしての性質を有するもの（加算税や延滞税など）は，損金の額に算入されないものとされている（法38条）。

2 損金不算入の租税公課

損金の額に算入されない租税公課は，具体的には図表3-13-1のとおりである。そのため，これらの租税公課を損金経理により納付した場合には，申告加算することが必要となる。

● 図表3-13-1　損金の額に算入されない租税公課

租税公課や法人税，住民税，事業税などの科目で損金経理納付した場合	法人税 地方法人税 道府県民税 市町村民税 加算税・加算金 延滞税・延滞金 過怠税・罰科金 税額控除の所得税 税額控除の外国税	→ 申告加算

なお，法人税，住民税および事業税等の未払額を損金経理により「未払法人税等」（税務では納税充当金という）に計上した場合は，損金不算入として申告加算することが必要である。

3　損金算入の租税公課

前記2以外の租税公課は，損金の額に算入されるが，その損金算入時期は図表3-13-2のとおり定められている。

● 図表3-13-2　損金算入の時期

損金算入時期	下記の日の属する事業年度の損金に算入する	
区　分	原　則	例　外
①　申告納税方式による租税（事業税，地方法人特別税，事業所税等）	申告書提出日，更正または決定日	申告期限未到来の事業所税等が製造原価等に含まれている場合には，未払計上した時
②　賦課課税方式による租税（固定資産税，不動産取得税等）	賦課決定日	納期開始日または実際納付日

なお，事業税は損金の額に算入することとされているが，事業税申告書を提出すると同時に，未払法人税等（納税充当金）を取り崩して前期分の事業税を支払ったときは，事業税を損金に算入するために申告減算することが必要である。

14 引当金

1 引当金制度の概要

　税法では，販売費及び一般管理費その他の費用のうち，期末までに債務の確定しているものに限り，損金の額に算入するものとされている。

　しかし，発生主義である企業会計においては，債務確定の有無にかかわらず費用の見越計上が必要とされる場合がある。そのため，税法は図表3-14-2のように2種類の引当金について損金経理により引当金に繰り入れた金額のうち繰入限度額に達するまでの金額を損金の額に算入することを認めている。

●図表3-14-1　引当金制度の概要

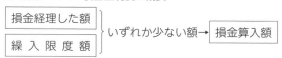

●図表3-14-2　引当金の種類

（注）平成30年度税制改正により廃止（一定の経過措置を除く）

2 貸倒引当金

資本金1億円以下の中小法人（非中小法人を除く）および銀行・

信用金庫など金融機関は，期末に有する金銭債権（受取手形・割引手形・売掛金・貸付金など）の貸倒損失の見込額として損金経理により貸倒引当金に繰り入れた金額のうち，次の金額の合計額（繰入限度額）に達するまでの金額を損金の額に算入することができる。

▶ 1. 個別評価による繰入限度額

　会社更生法や民事再生法による計画認可の決定などの事由により回収不能と見込まれる金額の全額や手形交換所の取引停止などの事実が生じた場合の金銭債権の50％が，個別評価による繰入限度額である。

▶ 2. 一括評価による繰入限度額

　前記▶1.以外の金銭債権に，次の繰入率（法定割合または実績割合いずれか有利なほうを選択）を乗じて算出した金額が繰入限度額である。

　① 法定割合

　　法定割合である繰入率は，資本金1億円以下の中小法人（非中小法人を除く）の営む主たる事業に応じた図表3-14-3の割合である。

●図表3-14-3　法定割合

(千分比)

事　業	卸・小売業	製造業	金融保険業	割賦小売業	その他の事業
資本金1億円以下の中小法人	10.0	8.0	3.0	13.0	6.0

　② 実績割合

　　次の算式で計算した割合である。

補足

法定割合を乗じる対象である金銭債権は，相殺的性格を持つ債務を控除した後の金額である。実績割合を乗じる対象である金銭債権は，支払手形・買掛金等の相殺的性格の債務を控除する前の金額である。

$$\frac{分母の事業年度における貸金の貸倒れによる損失額の合計額 \times \dfrac{12}{各事業年度の月数の合計}}{当該事業年度開始前3年以内開始事業年度終了時の貸金の帳簿価額 \div 当該各事業年度の数の合計額} = \boxed{実績割合}$$

15 | 欠損金の繰越しと繰戻し

1 欠損金の取扱い

　所得金額は，各事業年度ごとに区切って計算することが原則である。しかし，所得があるときは課税し，欠損金が生じたときは救済されないとなれば，企業資本の維持が困難になる。

　そこで，欠損金額を他の事業年度の所得金額と相殺したり，過年度の法人税の繰戻し還付を受けることを認めることにより，企業資本の維持を図る制度が設けられている（法57条）。

●図表3-15-1　欠損金の取扱い

```
欠損金の取扱い ─┬─ 青色欠損金の繰越控除
               ├─ 災害損失金の繰越控除
               └─ 欠損金の繰戻し還付
```

2 青色欠損金の繰越控除

　各事業年度開始の日前10年（平成30年3月31日以前開始事業年度に生じた欠損金については9年：以下同じ）以内に開始した事業年度において生じた欠損金（青色申告書提出事業年度に生じたもの）がある場合には，次の金額がその事業年度の損金の額に算入される（法57条1項）。

関連過去問題
2023年3月
問39

重要用語
欠損金

補足
欠損金とは，その事業年度の損金の額が益金の額を超える場合のその超える部分の金額をいう。その後の事業年度における欠損金の損金算入は，確定申告書において申告減算することによって行う。

	平成27年 4月1日以後 開始事業年度	平成28年 4月1日以後 開始事業年度	平成29年 4月1日以後 開始事業年度	平成30年 4月1日以後 開始事業年度
大法人・ 非中小法人	所得金額の 65%	所得金額の 60%	所得金額の 55%	所得金額の 50%
中小法人	所得金額の 100%			

3 災害損失金の繰越控除

各事業年度開始の日前10年（または9年）以内に開始した事業
年度において生じた欠損金額のうち，棚卸資産や固定資産等に生
じた災害損失金がある場合には，その事業年度の損金の額に算入
する。

なお，災害損失金については白色申告書を提出した事業年度の
ものであっても，10年間（または9年間）繰り越すことができ
る。

4 欠損金の繰戻し還付

資本金1億円以下の中小法人（非中小法人を除く）等に限り，
各事業年度において生じた青色欠損金額がある場合には，その事
業年度開始の日前1年以内に開始した事業年度の所得に対する法
人税の額のうち，次の金額の還付を請求することができる（法80
条，措法66条の13）。

$$\text{所得のあった} \atop \text{事業年度の法人税額} \times \frac{\text{欠損事業年度の欠損金額}}{\text{所得のあった事業年度の所得金額}} = \boxed{\text{還付税額}}$$

16 | 税額計算の仕組みと税率

1 法人税額計算の仕組み

関連過去問題
／2024年3月
問45
／2023年10月
問45
／2023年3月
問45
／2022年10月
問44
／2022年3月
問45

　確定決算上の当期純利益に加算や減算などの申告調整を行うことによって，各事業年度の所得金額が算出される。

　この所得金額をもとに，図表3-16-1のとおり次の順序で納付すべき法人税額を計算するものとされている。

●図表3-16-1　法人税額計算の流れ

①法人税額 ←所得金額×税率

－ ②試験研究費を支出した場合等の特別控除

（差引法人税額）

＋ ③土地を譲渡した場合の特別税額（適用停止）←土地譲渡益×税率

＋ ④内部留保が過大な場合の特別税額 ←過大留保金額×税率

（法人税額計）

－ ⑤所得税額控除

（差引所得に対する法人税額）

－ ⑥中間申告分の法人税額

差引確定法人税額

①　所得金額に法人税率を乗じて法人税額を計算する。

　　所得金額×法人税率＝ 法人税額

②　試験研究費を支出した場合や給与支給額を増加させた場合の特別控除額などを法人税額から控除する。

（注）　①の法人税額から②の特別控除額を差し引いた後の税額を
「差引法人税額」といい，この金額を基礎として「地方法人税額」
が計算される。

③　土地を譲渡している場合は，その土地の譲渡益に対する特
別税額を法人税額に加算する（この規定は，令和8年3月31
日まで適用が停止されている）。

④　1株主グループだけで発行済株式総数の50％超所有してい
る特定同族会社（資本金1億円以下の法人を除く）について
は，当期の内部留保が一定額を超える部分に対する特別税額
（留保金課税という）を加算する。なお，中小法人については
留保金課税は原則として適用されないが，資本金1億円以下
であっても非中小法人は留保金課税が適用される。

（注）　②の特別控除額を差し引いた後の「差引法人税額」に③
と④の特別税額を加算した後の税額を「法人税額計」といい，
この金額を基礎として地方税である「都道府県民税・市町
村民税額」が計算される。

⑤　以上により算出された「法人税額計」から，受取利息や受
取配当金から天引き（源泉徴収）された所得税を控除する。

⑥　中間申告により納付した法人税額を控除すると，納付すべ
き法人税額（確定法人税額）となる。

2　所得に対する法人税率

各事業年度の所得に対する法人税の税率は，法人の種類・資本
金・所得の大きさに応じて図表3-16-2のように定められている
（法66条）。

● 図表3-16-2　法人の区分による法人税率

法人の区分		税　率	
普通法人	大法人（資本金1億円超）・非中小法人	23.2%	
	中小法人（資本金1億円以下）	年800万円を超える金額	23.2%
		年800万円以下の金額	15% [注]
協同組合等		年800万円を超える金額	19%
公益法人等		年800万円以下の金額	15% [注]

（注）　令和7年3月31日までの間に終了する事業年度については，税率19%に代えて15%の軽減税率が適用される。

17 | 税額控除

関連過去問題
✎ 2023年3月
問39

重要用語
税額控除制度

1 税額控除制度の概要

　所得金額に税率を乗じて計算した法人税額からマイナスされる税額控除は，大別すると図表3-17-1のとおりである。

● 図表3-17-1　税額控除制度の概要

税額控除 ─┬─ 政策的配慮による特別税額控除（試験研究費の税額控除など）
　　　　　 └─ 二重課税調整のための税額控除（所得税額控除など）

重要用語
特別税額控除

2 政策的配慮による特別税額控除

　産業政策や社会政策などの政策的配慮により各種の特別税額控除制度が設けられているが，その主なものは次のとおりである。

▶ 1．試験研究費の総額に係る税額控除

　青色申告法人は，試験研究費がある場合，その総額に一定の税額控除割合を乗じた額を特別控除額として法人税額から一定額を控除できる。

▶ 2．中小企業者が機械等を取得した場合の税額控除

　青色申告法人である資本金3,000万円以下の中小企業者（大法人が50％以上株式を保有していない場合に限る）が，令和7年3月31日までに1台160万円以上の機械，取得価額の合計が120万円以上の工具などを取得し事業の用に供した場合は，特別償却に代えて取得価額の7％（当期の法人税額の20％を限度）の額を法人税額から控除することができる。

▶ 3. 給与支給額が増加した場合の税額控除

　青色申告法人が，令和6年4月1日から令和9年3月31日までの間に開始する事業年度において，前事業年度より給与支給額を増加させ一定の要件を満たした場合，その増加額の一定割合を法人税額から控除することができる。

① 全企業向け

【適用要件】		【税額控除】	【上限】
継続雇用者等支給額の増加割合（前年度比）	3%以上	10%	法人税額の20%
	4%以上	15%	
	5%以上	20%	
	7%以上	25%	
上乗せ要件① 教育訓練費の増加割合	前年度比10%以上かつ教育訓練費が雇用者給与等支給額の0.05%以上	上記+5%	
上乗せ要件② 子育てとの両立・女性活躍支援	プラチナくるみんorプラチナえるぼし	上記+5%（最大35%）	

② 中堅企業向け

【適用要件】		【税額控除】	【上限】
継続雇用者等支給額の増加割合（前年度比）	3%以上	10%	法人税額の20%
	4%以上	25%	
上乗せ要件① 教育訓練費の増加割合	前年度比10%以上かつ教育訓練費が雇用者給与等支給額の0.05%以上	上記+5%	
上乗せ要件② 子育てとの両立・女性活躍支援	プラチナくるみんorえるぼし認定3段階目以上	上記+5%（最大35%）	

③ 中小企業向け

【適用要件】		【税額控除】	【上限】
雇用者等支給額の増加割合（前年度比）	1.5%以上	15%	法人税額の20%
	2.5%以上	30%	
上乗せ要件①	教育訓練費の増加割合	前年度比5%以上かつ教育訓練費が雇用者給与等支給額の0.05%以上	上記+10%
上乗せ要件②	子育てとの両立・女性活躍支援	くるみん以上orえるぼし認定2段階目以上	上記+5%（最大45%）

（注） ①，②については，マルチステークホルダー要件が必要。

3　二重課税調整のための税額控除

受取利息や配当金から源泉徴収された税額や海外支店で納付した税額は，そのまま放置しておけば二重課税になるので，その調整のため次のような税額控除制度が設けられている。

📖 重要用語

二重課税

▶ 1．所得税額控除

受取利息や受取配当金などの収益から源泉徴収された所得税額および復興特別所得税額（所得税額の2.1％）は，法人税の前払いとして申告加算されるとともに，法人税額から税額控除される（法68条）。

なお，元本が売買されるような株式の配当金などは，元本所有期間に対応する金額に限り税額控除の対象となる。

▶ 2．外国税額控除

国外支店等の所得に対して外国税額が課された場合は，国際的な二重課税が生ずる。そのため，その調整のために一定の金額を限度として外国税額を法人税額から控除することが認められている（法69条）。

18 | 申告・納付

1 申告納付制度の概要

関連過去問題
🖋 2023年10月
　　問43
🖋 2022年10月
　　問45

　事業年度の期間は法人により異なっているので，半年決算法人や個人事業などとの負担の調整や税収の平均化等を考慮し，申告・納付制度は中間申告制度と確定申告制度が定められている。

2 中間申告

　事業年度が6か月を超える場合，期首から6か月経過した日から2か月以内に申告納付する中間申告制度があり，次の2方法がある（法71条・72条）。

① 予定申告…前期の法人税額を基礎に次の算式で計算した金額を申告納付する方法。

$$前期の法人税額 \times \frac{6}{前期の月数} = \boxed{予定納税額}$$

② 仮決算による中間申告…事業年度開始日から6か月の期間を一事業年度とみなして，所得金額または欠損金額を計算して，申告納付する方法。

　　ただし，上記①の予定納税額を限度とする。

3 確定申告

　事業年度終了の日の翌日から2か月以内に，税額の有無にかかわらず，確定決算にもとづいて申告納付しなければならない（法74条）。

> 🔍 補足
> 法人税から控除される所得税額は，法人税の前払いであるから，損金不算入として申告加算される。
> 本文の算式で計算した予定納税額が10万円以下の場合は，申告不要である。

第3編

第4編

その他の税金

1 | 消費税

関連過去問題
- 2024年3月
  問46, 問47
- 2023年10月
  問46, 問47
- 2023年3月
  問46, 問47
- 2022年10月
  問46, 問47
- 2022年3月
  問46, 問47

📖 **重要用語**

消費税

💡 **補足**

消費税は消費者が負担するため、事業者は受け取った消費税を預り金という意味で仮受消費税として経理するとともに、支払った消費税は仮払消費税と経理することが多い。

1 消費税の概要

消費税は、事業者が資産を譲渡したり、サービスを提供した場合にその対価とともに対価に係る消費税を受領（預かる）し、一方で事業者は資産等を購入したり、サービスの提供を受けるにあたり対価に係る消費税を支払っている。

そこで、事業者は預かった消費税と支払った消費税との差額を国（税務署）に納付することになる。すなわち、納税するのは事業者であるが、実際に消費税を負担するのは消費者である。

売上にかかる消費税−仕入れにかかる消費税

= 納付税額または還付税額

しかし、すべての取引に対して消費税を課税することは消費者に負担となるとともに国際競争力に影響するので、図表4-1-1のように経済取引の内容に応じて多様な規定が設けられている。

● 図表4-1-1　消費税の概要

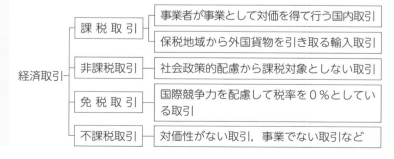

経済取引	課税取引	事業者が事業として対価を得て行う国内取引
		保税地域から外国貨物を引き取る輸入取引
	非課税取引	社会政策的配慮から課税対象としない取引
	免税取引	国際競争力を配慮して税率を0％としている取引
	不課税取引	対価性がない取引、事業でない取引など

● 図表4-1-2　消費税額の計算

消費税の計算 ── 原　　則 ／ 簡易課税制度 ／ 納税義務免除制度

さらに，零細業者や中小企業の事務処理負担を考慮して消費税額をどのように計算するかという観点から図表4-1-2のような規定が設けられている。

2　消費税の課税対象と非課税取引

消費税は，経済取引を課税取引，非課税取引，免税取引，不課税取引の４種類に分類し，そのうち課税取引と免税取引を次のとおり課税対象としている（消４条）。

▶ 1.　課税取引

消費税が課税される取引は，国内取引と輸入取引に大別され，国内取引については消費税の課税対象となる資産等を取引の相手側に引き渡したときに消費税が課税される。一方，輸入取引については，輸入貨物を保税地域から引き取るときに課税される。

① 　国内取引

消費税は，国内において事業者が事業として，対価を得て行う資産の譲渡，資産の貸付け，サービスの提供などの取引に対して課税される。

ここでいう取引というのは，売上高や仕入高に計上される取引だけでなく，資産計上の機械や経費となる消耗品などの購入取引など対価のあるすべての取引が対象となる。

② 　輸入取引

保税地域から引き取られる外国貨物，すなわち輸入された貨物は，国内で消費されることになるので，消費税の課税対象と

重要用語

課税取引

第4編

なる。

重要用語
免税取引

▶ 2. 免税取引

　輸出取引は課税取引に該当するが，消費税は，消費が行われた地域で課税することになっているため，国際的な慣行から税率を０％としている。

　すなわち，輸出取引は非課税取引ではなく，税率０％の課税取引であるため，売上にかかる消費税は０であるのに対して，仕入れにかかる消費税があるので，次のように消費税の還付を受けることができる。

　そのため，輸出取引を免税取引と呼んでいる。

売上にかかる　仕入れにかかる　　還付される消費税
消費税（０）　消費税（5,000万円）　（5,000万円）

重要用語
非課税取引

▶ 3. 非課税取引

　消費税は，その名のとおり資産やサービスの消費に対して課税するという観点に立つと，土地の譲渡取引や利息授受取引などは課税対象になじまない。

●図表4-1-3　非課税取引

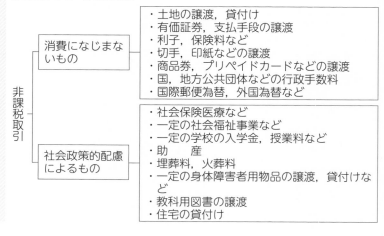

非課税取引

消費になじまないもの
・土地の譲渡，貸付け
・有価証券，支払手段の譲渡
・利子，保険料など
・切手，印紙などの譲渡
・商品券，プリペイドカードなどの譲渡
・国，地方公共団体などの行政手数料
・国際郵便為替，外国為替など

社会政策的配慮によるもの
・社会保険医療など
・一定の社会福祉事業など
・一定の学校の入学金，授業料など
・助　　産
・埋葬料，火葬料
・一定の身体障害者用物品の譲渡，貸付けなど
・教科用図書の譲渡
・住宅の貸付け

また，社会保険診療などは社会政策的にみて課税は適当ではない。

そこで，これらに類似した図表4-1-3の取引が非課税取引とされている（消6条）。

3 消費税の納税義務者

▶ 1. 原　　則

消費税の納税義務者は，課税取引の分類に応じて図表4-1-4のとおりとなる（消5条）。

▶ 2. 免税事業者

小規模零細事業者の納税事務の負担を配慮し，基準期間の課税売上高が1,000万円以下の事業者は，納税義務が免除（選択）されている（消9条）。

この場合，基準期間とは，図表4-1-5の期間をいう。

●図表4-1-4　消費税の納税義務者

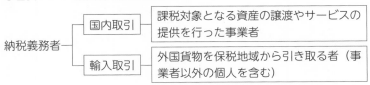

●図表4-1-5　基準期間

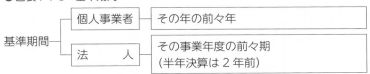

（注1）　新設法人は基準期間はないが，資本金1,000万円以上である法人は，納税義務は免除されない。

（注2）　課税事業者を選択したことにより免税事業者となることができない期間(2年間)中，または資本金1,000万円以上の新設法人につき免税事業者となることができない期間（2年間）中に，調整対象固定資産を取得した場合，その取得があった課税期間を含む3年間は，免税事業者となることができない。

ただし，特定期間の課税売上高（または給与等支払額）が1,000万円を超える場合，基準期間の課税売上高が1,000万円以下でも納税義務者となる。

●図表4-1-6　特定期間

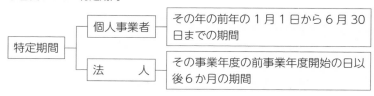

| 特定期間 | 個人事業者 | その年の前年の1月1日から6月30日までの期間 |
| | 法　人 | その事業年度の前事業年度開始の日以後6か月の期間 |

4　納付すべき消費税の計算方法と税率

事業者は，資産の譲渡やサービスの提供などを行ったときに取引の相手側から取引対価に係る消費税を預かるとともに，資産等を購入した場合にはその購入対価に係る消費税を購入先に支払っている。

そのため，預かっている売上にかかる消費税から支払済みの仕入れにかかる消費税を控除（仕入税額控除という）した差額を国（税務署）に支払うことになっているが，その具体的な計算方法は，次のとおり原則的な方法と簡易課税制度に大別される（消30条）。

また，令和元年10月1日以後，消費税率が8％から10％へ増税されたことに対し，低所得者の負担増加を和らげるため，生活必需品である「酒類と外食を除く飲食料品」と「定期購読契約が結ばれた週2回以上発行される新聞」に限り，消費税率を8％に据え置く軽減税率制度が導入されている。

▶ 1．原則的な計算方法

取引対価の10％の消費税は，納付すべき消費税を計算するときは国税である7.8％と地方消費税である2.2％とに区別して次のように計算する。

① 国の消費税額

 ⓐ 10%

$$\frac{計算対象期間}{の税込売上高}×\frac{7.8}{110}-\frac{計算対象期間}{の税込仕入高}×\frac{7.8}{110}=\boxed{納付税額}$$

 ⓑ 8%（軽減税率）

$$\frac{計算対象期間}{の税込売上高}×\frac{6.24}{108}-\frac{計算対象期間}{の税込仕入高}×\frac{6.24}{108}=\boxed{納付税額}$$

② 地方消費税額

 ⓐ 10%

$$前記①ⓐで計算した納付税額×\frac{22}{78}=\boxed{地方消費税納付税額}$$

 ⓑ 8%（軽減税率）

$$前記①ⓑで計算した納付税額×\frac{176}{624}=\boxed{地方消費税納付税額}$$

③ 納付すべき税額

$$\frac{国の消費税額}{（前記①の額）}+\frac{地方消費税額}{（前記②の額）}=\boxed{国への納付税額}$$

　③によって，計算した金額がマイナスになった場合は，還付請求することになる。

　なお，消費税の計算対象期間のことを「課税期間」という。

▶ 2. 簡易課税制度による計算

　事業者は，基準期間の課税売上高が5,000万円以下である計算対象期間について，簡易課税制度を選択する旨の届出をした場合には，届出書を提出した翌課税期間以後の計算は簡易課税制度の適用を受けることができるものとされている。

　この簡易課税制度は，中小企業の事務処理の負担を軽減する目的で，課税期間の仕入高にかかる消費税を実際に計算しないで，次の算式のように課税売上高（税抜き）の一定割合を課税仕入高

とみなして，課税仕入れにかかる消費税額を計算する方法である。

① 国の消費税額

ⓐ 10%

$$\text{課税期間の}\atop\text{課税売上高} \times 7.8\% - {\text{課税期間の}\atop\text{課税売上高}} \times 7.8\% \times \text{一定割合} = \boxed{\text{納付税額}}$$

ⓑ 8%（軽減税率）

$$\text{課税期間の}\atop\text{課税売上高} \times 6.24\% - {\text{課税期間の}\atop\text{課税売上高}} \times 6.24\% \times \text{一定割合} = \boxed{\text{納付税額}}$$

② 地方消費税額

ⓐ 10%

$$\text{前記①ⓐで計算した納付税額} \times \frac{22}{78} = \boxed{\text{地方消費税納付税額}}$$

ⓑ 8%（軽減税率）

$$\text{前記①ⓑで計算した納付税額} \times \frac{176}{624} = \boxed{\text{地方消費税納付税額}}$$

③ 納付すべき消費税額

$$\text{国の消費税額}\atop\text{（前記①の額）} + {\text{地方消費税額}\atop\text{（前記②の額）}} = \boxed{\text{国への納付税額}}$$

なお，簡易課税制度は，課税売上高の一定割合（みなし仕入率

●図表4-1-7　みなし仕入率

（注）　第4種事業には，第1種事業，第2種事業，第3種事業，第5種事業，第6種事業以外の事業が該当する。

という）を課税仕入高とみなして計算するが，そのみなし仕入率は事業の種類ごとに図表4-1-7のように定められている。

▶ 3. 消費税率

消費税率については，図表4-1-8のとおり，令和元年10月1日に引き上げられた。

● 図表4-1-8　消費税率

適用開始 区分	平成 26 年4月1日～ 令和元年9月 30 日	令和元年 10 月1日以後	
		原則	軽減税率
消費税率	6.3%	7.8%	6.24%
地方消費税率	1.7% （消費税額の 17/63）	2.2% （消費税額の 22/78）	1.76% （消費税額の 176/624）
合　計	8.0%	10.0%	8.0%

5　消費税の課税期間

消費税の計算対象期間である課税期間は，事業者が法人か個人かによって，次のように定められている（消19条）。

▶ 1. 法　　人

法人の課税期間は，原則としてその法人が定款等で定めている事業年度である期間である。

しかし，課税期間短縮の届出（選択）をすることによって，翌課税期間から課税期間を1か月（選択によって3か月単位）とすることができるものとされている。

▶ 2. 個　　人

個人事業者の課税期間は，原則として暦年である1月1日から12月31日までの期間である。

しかし，個人事業者も法人と同様，選択によって課税期間を1か月（選択によって3か月単位）にすることができる。

消費税の申告納付は，確定申告・納付と中間申告・納付とに大別される。

▶ 1．確定申告・納付

事業者は，その課税期間ごとにその課税期間の末日から2か月以内に確定申告書を提出するとともに，その消費税を納付することが必要である（消45条）。

ただし，個人事業者の確定申告については，その期限は翌年の3月31日である。

▶ 2．中間申告・納付

課税期間が6か月を超える課税事業者は，次の場合を除いて，6か月経過日から2か月以内に，直前課税期間の確定申告書の消費税の2分の1（仮決算による実額の申告納付可能）を申告・納付するものとされている（消42条）。

① 前記により計算した金額が，48万円（地方消費税を除く）以下の場合は，申告納付は不要である（ただし，届出書を提出した場合，年1回自主的に中間申告・納付することが可能となっている）。

② 年間納付額が400万円超4,800万円以下の事業者は，年4回申告納付するものとされている。

③ 直前課税期間の年税額が4,800万円を超える事業者は，中間申告納付を毎月行わなければならないこととされている。

7　適格請求書等保存方式（インボイス制度）

令和5年10月1日から，消費税額の仕入税額控除の方式として，「適格請求書等保存方式」（インボイス制度）が開始されている。

適格請求書（インボイス）を発行できるのは，「適格請求書発行

重要用語

インボイス制度

事業者」に限られ，この「適格請求書発行事業者」になるためには，税務署長に「適格請求書発行事業者の登録申請書」を提出し，登録を受ける必要がある。

「適格請求書」（インボイス）とは，売手が買手に対し正確な適用税率や消費税額等を伝えるための手段であり，登録番号（インボイスナンバー）のほか一定の事項が記載された請求書等をいう。

適格請求書発行事業者に登録すると課税事業者となるため，消費税の申告が必要となる。そのため免税事業者は，自身の事業実態に応じて，登録をするかどうか判断する必要がある（登録するかどうかはあくまで事業者の任意である）。

事業者が国内で行う株式の譲渡は消費税の課税対象であるが，"消費になじまないもの"なので非課税扱いとされている

理解度チェック

❶ 事業者が国内で行う株式の譲渡は，消費税の課税対象となる。

❷ 事業者が国内で行う土地の貸付は，消費税の課税対象となる。

❸ 事業者は，基準期間の課税売上高が，5,000万円以下である計算対象期間について，簡易課税制度を選択することができる。

解答 ❶ × 非課税取引となる。
❷ × 非課税取引となる。
❸ ○

2 | 印紙税

関連過去問題
- 2024年3月 問50
- 2023年10月 問50
- 2022年10月 問50
- 2022年3月 問50

重要用語

印紙税制度

1 印紙税制度の概要

　不動産などを売買する場合に，後日の証拠として売買契約書などを作成し，その書面に収入印紙を貼付するが，この印紙が印紙税という国税で，その概要は図表4-2-1のとおりである。

● 図表4-2-1　印紙税制度の概要

印紙税	課税対象	印紙税法で定められた課税文書を作成した場合，作成者が納税義務者となる
	納付方法	文書に収入印紙を貼付する方法（税印，書式表示などの特例あり）

2 課税文書

　印紙税を納めなければならない文書のことを課税文書というが，具体的には「課税物件表」に掲げられている次のような文書のことである（印2条）。

① 不動産・鉱業権・無体財産権・船舶・航空機・営業の譲渡に関する契約書，地上権・土地賃借権の設定または譲渡に関する契約書，消費貸借に関する契約書，運送に関する契約書（記載金額1万円未満は非課税）

② 請負に関する契約書（同上）

③ 約束手形，為替手形（手形金額10万円未満は非課税）

④ 株券，出資証券，社債券，投資信託・貸付信託などの受益

補足

事業用機械の売買契約書，委任状，取締役会議事録などは，課税文書に規定されていないので非課税である。

証券

⑤　合併契約書，吸収分割契約書，新設分割計画書

⑥　定款（会社設立時に作成される定款の原本に限る）

⑦　継続的取引契約書（期間３か月以内で更新の定めがないものを除く）

⑧　預貯金証書（預入額１万円未満は非課税）

⑨　貨物引換証，倉庫証券，船荷証券（船荷証券の謄本は非課税）

⑩　保険証券

⑪　信用状

⑫　信託行為契約書

⑬　債務保証契約書（身元保証に関する契約書は非課税）

⑭　金銭または有価証券の寄託に関する契約書

⑮　債権譲渡・債務引受に関する契約書（記載金額１万円未満は非課税）

⑯　配当金領収証，配当金振込通知書（記載金額3,000円未満は非課税）

⑰　金銭の受取書（営業に関しないものは除く），有価証券の受取書（同左）（記載金額５万円未満は非課税）

⑱　預貯金通帳，信託行為に関する通帳，無尽会社等の掛金通帳，生命保険会社の保険料通帳（信用金庫等の作成通帳は非課税）

⑲　上記①，②，⑭，⑰の文書の説明をすることを目的として作成する通帳（⑱に該当する通帳は除く）

⑳　判取帳

したがって，友人間における生活費等の貸借金の受取書は，営業に関するものではないので，非課税となる。また，土地賃借権の設定は前記課税文書①に含まれているが，建物の賃貸借契約書

は課税対象となっていないので，非課税である。

なお，前記文書に該当する場合であっても，国，地方公共団体，公社，独立行政法人，事業団，公庫，協会，振興会などが作成する文書については，非課税とされている。

3 課税標準と税率

前記②の課税文書ごとに「課税標準」として，契約金額や手形金額，あるいは券面金額，受取金額等に応じて，1通いくら（税率）という税額が定められている（印7条）。

なお，前記の課税文書のうち，⑤〜⑯，⑱〜⑳の文書については，契約金額などの区分はなく，1通または1冊ごとに一定の税額が定められている。

4 納付

印紙税の納付は，原則として印紙を課税文書に貼付し，印章（印鑑）または署名で消印することにより行われる（印8条）。

印紙税は課税文書に対して課税されるため，電子契約では紙の契約書が作成されないので印紙税はかからない。

理解度チェック

① 建物の賃貸借契約書は，印紙税の課税文書に該当しない。
② 株式会社の設立時に作成する定款は，印紙税の課税文書に該当しない。
③ 保険証券は，印紙税の課税文書に該当しない。

解答 ① ○
② × 印紙税法上の課税文書である。
③ × 印紙税法上の課税文書である。

3 | 住民税(道府県民税・市町村民税)

1 住民税の種類

関連過去問題
- 2024年3月 問48
- 2022年10月 問49
- 2022年3月 問49

地方税である住民税は，道府県民税と市町村民税の総称であり，個人に対するものと法人に対するものとに大別されている（地23条・292条）。

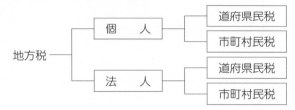

●図表4-3-1　住民税の種類

2 個人住民税

重要用語

個人住民税

▶ 1. 納税義務者

個人の住民税は，市町村内（都道府県内）に住所を有する個人は，均等割額と所得割額を，市町村内（都道府県内）に住所は有しないが，事務所・事業所または家屋敷を有する個人は，その所在地の市町村（都道府県）に均等割額を納税する義務を負う。

▶ 2. 非課税

個人の住民税は，次の人に対しては均等割および所得割を課税しないものとされている。

① 生活保護法により生活扶助を受けている人

② 障害者，未成年者，ひとり親または寡婦（ひとり親を除く）

第4編

で前年の合計所得金額135万円以下の者

民法改正に伴い，令和5年度より未成年者の対象年齢が20歳未満から18歳未満に引き下げられた。

なお，所得金額が一定の金額以下の者については，均等割または所得割が非課税である。

● 図表4-3-2　均等割および森林環境税

		令和5年度まで	令和6年度以降
国税	森林環境税	－	1,000 円
道府県民税	個人住民税 均等割	1,500 円	1,000 円
市町村民税		3,500 円	3,000 円
合計		5,000 円	5,000 円

地方公共団体の防災対策の財源確保のために，平成26年度から令和5年度の均等割の標準税額を500円加算する臨時的措置がとられていた。

なお，令和6年度より，均等割と併せて森林環境税が1人年額1,000円徴収されている。

▶ 3. 所得割額

個人の住民税の所得割額は，前年の課税総所得金額や課税退職所得金額，課税山林所得金額に対して，図表4-3-3の税率を基礎に計算される。

● 図表4-3-3　個人住民税の所得割額にかかる税率

	道府県民税	市町村民税
所得割額にかかる税率	4%	6%

なお，所得割額から，配当控除や外国税額控除などの税額控除が行われる。

令和6年度分の個人住民税について，納税者および同一生計配偶者または扶養親族（居住者に限る）1人につき，個人住民税所得割額から1万円の定額減税額が控除される。

▶ 4. ふるさと納税

地方公共団体に対する寄附金が2,000円を超える場合，その超える金額に，90％から寄附を行った者に適用される所得税の限界税率を控除した率を乗じて得た金額（個人住民税所得割額の10分の２を限度とする）を，通常の寄附金控除のほかに税額控除する。

▶ 5. 申　　告

賦課期日に住所を有する個人は，その年の３月15日までに賦課期日現在の住所所在地の市町村長に住民税の申告書を提出するものとされている。

ただし，前年中に給与所得以外の所得（または公的年金以外の所得）がない者は，住民税の申告書を提出する必要はない。

▶ 6. 徴収方法

住民税の徴収の方法は，一般的には次のとおりである。

① 給与所得者・年金所得者以外の者…普通徴収により徴収する。

② 給与所得者…給与所得にかかる所得割と均等割は，特別徴収により徴収する。

③ 65歳以上の年金所得者……公的年金等にかかる所得割と均等割は，特別徴収により徴収する。

一方，給与所得者の給与所得以外の所得にかかる所得割は，特別徴収または普通徴収（選択）により徴収する。

なお，特別徴収した税額は，特別徴収義務者が翌月10日までに市町村に納付する。

3 法人住民税

▶ 1. 納税義務者

法人の住民税については，市町村内（道府県内）に事務所または事業所を有する法人は，均等割額と法人税割額を，市町村内（道

重要用語

法人住民税

第4編

府県内）に事務所等を有しないが，寮等を有する法人は，均等割額を納税する義務を負う。

▶ 2. 非課税

法人の住民税は，次のものに対しては均等割および法人税割を課税しないものとされている。

① 地方公共団体（一定の公共法人）
② 収益事業を行わない一定の公益法人等

▶ 3. 均等割額

法人の住民税の均等割は，資本金等の額（外形標準課税の資本割の課税標準と同じ）をもとに次のとおり定められている。

① 道府県民税…資本金等の額をもとに標準税率として年額2万円から80万円
② 市町村民税…資本金等の額と従業者数をもとに標準税率（年額5万円から300万円）と制限税率

▶ 4. 法人税割額

法人住民税の法人税割額は，その法人の法人税額に図表4-3-4の税率を乗じて算定した金額である。

●図表4-3-4　法人住民税の法人税割額

区分	平成26年10月1日から令和元年9月30日までに開始した事業年度		令和元年10月1日以後に開始した事業年度	
	標準税率	制限税率	標準税率	制限税率
道府県民税	3.2%	4.2%	1.0%	2.0%
市町村民税	9.7%	12.1%	6.0%	8.4%

▶ 5. 申告納付

住民税は，法人税の申告期限である事業年度末から2か月以内に申告納付する必要がある。また，中間申告も同様な取り扱いである。

なお，複数の道府県・市町村に事務所等を有する法人は，従業

者数によって按分した法人税額を基礎に計算された住民税を関係道府県等に申告納付する。

4 利子割その他

▶ 1. 納税義務者と課税標準等

　利子等，配当等，上場株式等の譲渡対価などの支払いを受ける人は，住所または事務所等所在の都道府県に対して下掲の表の利子割その他の地方税を納税する義務を負う。

	課税対象	課税標準と税率
利子割	・所得税法に定める利子等	支払いを受けるべき利子等の額の5%^(注)
配当割	・大口以外の上場株式等の配当等 ・公募公社債投資信託以外の公募証券投資信託の配当等	支払いを受けるべき配当等の額の5%
株式等譲渡所得割	・源泉徴収選択口座内の上場株式等の譲渡所得等	譲渡所得等の額の5%

（注）　個人が支払いを受けるものに限る。

▶ 2. 非 課 税

　利子割が非課税となる主な利子等が，次のとおりである。

①　所得税において非課税とされる障害者等にかかる利子等

②　勤労者財産形成住宅貯蓄・年金貯蓄の利子等

③　所得税において非課税とされる子供銀行の利子等，当座預金の利子，納税準備預金の利子等

④　非居住者または外国法人が支払いを受ける利子等

⑤　公共法人等が支払いを受ける利子等

▶ 3. 徴収方法

　利子等，配当等，上場株式等の譲渡対価等の支払いまたは取扱いをする者（特別徴収義務者）が，支払いまたは交付の際に利子割，配当割，譲渡所得割を徴収し，都道府県に納入する。

4 事業税

関連過去問題

📝 2023年10月
　問48
📝 2023年3月
　問48, 問49
📝 2022年3月
　問48

重要用語

個人事業税

1 個人事業税

▶ 1. 納税義務者

　個人の事業税は，個人の行う第1種事業・第2種事業・第3種事業に対して，所得を課税標準として事務所または事業所所在の都道府県において，その個人に課税する（地72条の2）。

　なお，事務所等を設けないで事業を行う場合には，その個人の住所などを事務所等とみなすことにしている。

▶ 2. 課税対象事業

　事業税の課税対象となる事業は，次の事業である。

●図表4-4-1　事業税の概要

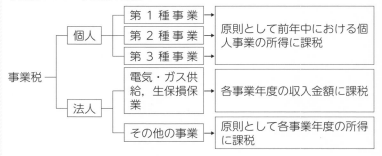

① 第1種事業

　主として営業といわれる種類の事業で，物品販売業・保険業・金銭貸付業・物品貸付業・不動産貸付業・製造業などほとんどの営業に属する事業をいう。

② 第2種事業

原始産業に属する事業で，畜産業・水産業・薪炭製造業が該
当する。

③　第3種事業

主として自由業に属するもので，医業・歯科医業・マッサー
ジ等・弁護士業・税理士業・デザイン業・理容業・測量士業な
どの事業をいう。

▶ 3. 課税標準

個人の事業税の課税標準は，原則として前年中における個人の
事業の所得である。

ただし，道府県は，事業の状況に応じて，売上金額，土地家屋
の床面積または価格，従業員数などを課税標準または所得とこれ
らの課税標準とを併用することができるものとされている。

なお，前年中の事業の所得は，次の例外を除いて所得税の不動
産所得や事業所得の計算方法によることになる。

①　社会保険診療等の収入金額とその経費は，すべて総収入金
　　額と必要経費に算入しない。

②　青色専従者給与に関する届出書を提出していなかった場合
　　であっても，青色事業専従者がその事業から給与の支払いを
　　受けた場合，期限内申告に限り必要経費に算入する。

③　事業税の課税標準である所得の計算にあたって控除ができ
　　るものは，損失の繰越控除，事業用資産の譲渡損失の繰越控
　　除，被災事業用資産の損失の繰越控除，事業主控除（年額290
　　万円）などに限定されている。

▶ 4. 税　　率

個人の事業税の標準税率は，事業の種類に応じた次の率である。

①　第1種事業（物品販売業，不動産貸付業，保険業等）…所
　　得の5％

②　第2種事業（畜産業，水産業等）…所得の4％

補足

個人事業税の課
税標準となる事
業の所得は，青
色申告特別控除
額を控除しない
で算定する。

第
4
編

③　第3種事業（医業，税理士業，理容業等）…所得の5％（マッサージ・指圧等は所得の3％）

▶ 5. 申　　告

　納税義務者で事業の所得が事業主控除額を超えるものは，3月15日までに事務所等所在地の都道府県知事に申告しなければならないものとされている。

　ただし，前年分の所得税の確定申告書または都道府県民税申告書を提出した場合には，事業税の申告書が提出されたものとみなされる。

▶ 6. 徴収の方法

　個人の事業税の徴収は，普通徴収の方法により納税通知書が納税者に交付され，その納期は8月および11月中である。

重要用語

法人事業税

2　法人事業税

▶ 1. 納税義務者

　法人の事業税は，法人の行う事業に対して，事務所または事業所所在の都道府県において，その事業を行う法人に課税する（地72条の2）。

　ただし，次の事業に対しては法人事業税を課税することはできない。

　①　公共法人の行う事業

　②　公益法人・人格のない社団等の行う収益事業以外の事業

　③　林業・鉱物の掘採事業・特定の農事組合法人が行う農業

▶ 2. 課税標準

　法人の事業税の課税標準は，次のとおりである。

　①　電気またはガス供給業・保険業

　　各事業年度の収入金額

　②　その他の事業

各事業年度の所得金額（ただし，資本金額，売上金額，家屋
等の床面積，従業員数等を課税標準にすることができる）

なお，各事業年度の所得金額は，次の例外を除いて法人税の所
得の計算方法によることになる。

 ⓐ 社会保険診療等の収入金額または経費は，すべて益金の
額または損金の額に算入しない。

 ⓑ 過去10年以内（旧法は9年以内）に生じた欠損金額は，
事業税の所得の計算上損金の額に算入する。

 ⓒ 法人が支払いを受ける利子，配当等に対して課される所
得税の額は，事業税においては，全額損金不算入とされる。

▶ 3.　税　　　率

法人の事業税の標準税率は，法人の種類に応じた次の率である。

なお，外形課税対象法人の所得割については，1.0％（令和4
年4月1日以後開始事業年度）とされる。

●図表4-4-2　法人の事業税の標準税率

区分				令和元年10月1日から令和2年3月31までに開始した事業年度	令和2年4月1日から令和4年3月31までに開始した事業年度	令和4年4月1日以後に開始した事業年度
所得金額課税法人	普通法人、特別法人等 （外形標準課税法人は別掲）			3.5%～7.0%		
収入金額課税法人	小売電気事業等を行う法人	資本金1億円超	収入	1.0%	0.75%	
			付加価値	－	0.37%	
			資本	－	0.15%	
		資本金1億円以下	収入	1.0%	0.75%	
			所得	－	1.85%	
	特定ガス供給業を行う法人		収入	－	－	0.48%
			付加価値	－	－	0.77%
			資本	－	－	0.32%
	その他の法人		収入	1.0%		

▶ 4. 申告納付

　法人は，その事業年度終了の日から２か月以内に，確定した決算にもとづき，その事業年度の所得または収入金額に対する事業税を都道府県に申告納付しなければならない。

　なお，分割法人が申告納付する場合は，課税標準（収入金額または所得金額）の総額を次のような分割基準によって分割し，申告納付する。

① 収入金額課税事業…固定資産の価額（保険業は事業所数と従業者数）

② 所得金額課税事業…
　ⓐ製造業………従業者数
　ⓑ非製造業……事業所数と従業者数

重要用語

外形標準課税

3　外形標準課税

▶ 1. 概　　要

　外形標準課税は，前述の各事業年度の所得に対する課税（所得割）のほかに，外形基準である付加価値額と資本金等の額に対しても課税する制度である。

　　法人事業税額＝所得割＋付加価値割＋資本割

　　（注）　平成16年４月１日以後に開始する事業年度から適用される。

▶ 2. 対象法人

　所得金額を課税標準として事業税が課税されている法人のうち，資本金の額または出資金額が１億円を超える法人を対象とする。

▶ 3. 課税標準

　所得割，付加価値割および資本割の課税標準は，以下のとおりである。

① 所得割…各事業年度の所得金額および清算所得金額

② 付加価値割…各事業年度の収益配分額±単年度損益

　ⓐ 収益配分額＝報酬給与額＋純支払利子＋純支払賃借料

「法人税における給与支給額が増加した場合の税額控除」
の要件を満たす法人については，給与増加分の負担が軽減
される（平成27年４月１日から令和６年３月31日までの
間に開始する事業年度）。

 ⓑ 単年度損益は，欠損金の繰越控除を行わなかったものと
した場合の法人事業税の所得をいう。

③ 資本割…各事業年度終了の日における資本金等の額（無償
減資等による欠損塡補の金額を資本金等の額から控除し，無
償増資等の金額を資本金等の額に加算する。加減算した金額
が資本金と資本準備金の合計額を下回るときは，資本金と資
本準備金の合計額とする）

▶ 4. 税 率

 外形標準課税の標準税率は，所得割，付加価値割，資本割の区
分に応じて定められている。付加価値割，資本割については，平
成27年度，平成28年度の２年間で段階的に拡大される。

●図表4-4-3 外形標準課税の標準税率

区分	平成28年４月１日から令和元年９月30日までに開始した事業年度	令和元年10月１日から令和４年３月31日までに開始した事業年度	令和４年４月１日以後に開始した事業年度
所得割	0.3%~0.7%	0.4%~1.0%	1.0%
付加価値割	1.2%		
資本割	0.5%		

▶ 5. 徴収猶予

 外形標準課税では，欠損法人などのうち一定の要件に該当する
ものは，申請にもとづき，３年以内の期間に限って，徴収税額の
全部または一部の徴収が猶予される制度が設けられている。さら
に，一定の場合には，徴収が猶予された納期限から３年以内の期
間に限り，徴収猶予の期間を延長することも認められ，結果，最
長６年の徴収猶予が認められている。

徴収の猶予が認められたときは，猶予期間に対応する延滞金のうち一定の金額が免除される。

4　特別法人事業税

▶ 1．納税義務者

特別法人事業税は，法人事業税（所得割または収入割）の納税義務者に対して課する。

▶ 2．課税標準

法人事業税額（標準税率により計算した所得割額または収入割額とする）

▶ 3．税　　　率

● 図表4-4-4　特別法人事業税の税率

	法人の種類	令和元年10月1日から令和2年3月31日までに開始した事業年度	令和2年4月1日から令和4年3月31日までに開始した事業年度	令和4年4月1日以後に開始した事業年度
所得金額課税法人	外形標準課税法人	260%		
	特別法人	34.5%		
	その他の法人	37%		
収入金額課税法人	小売電気事業等を行う法人	30%	40%	
	特定ガス供給業を行う法人	30%		62.5%
	その他の法人	30%		

▶ 4．申告納付

申告納付は，都道府県に対して，法人事業税と併せて行う。

5　地方法人税（国税）

▶ 1．概　　　要

地方財政力の格差を縮小するため，法人住民税の一部を国税化し，地方交付税として地方に分配することを目的として創設された。

▶ 2．納税義務者

　法人税を納める義務のある法人

▶ 3．課税標準

　各事業年度の法人税額（所得税額控除，外国税額控除，過大申告の更正に伴う法人税額控除前の金額）

▶ 4．税　　率

　10.3％（令和元年10月1日前に開始した課税事業年度……4.4％）

▶ 5．申告納付

　事業年度終了の日の翌日から２か月以内に納税地の所轄税務署長に申告納付をしなければならない。法人税の確定申告書の提出期限を延長しているときは，申告書の提出については延長された提出期限となる。

第4編

理解度チェック

❶ 個人事業税の税率は，すべての業種で一律10％である。

❷ 個人事業税は，都道府県が課税する。

❸ 公共法人の行う事業に対しては，法人事業税を課税することができない。

解答　❶ ×　業種により税率は異なっている。
　　　　　❷ ○
　　　　　❸ ○

5 | 地方消費税

1 地方消費税の概要

すでに「消費税」の項で説明したように，課税される取引は図表4-5-1の２種類に大別され，国が消費税の賦課徴収を併せて行う（地72条の77）。

●図表4-5-1　地方消費税の概要

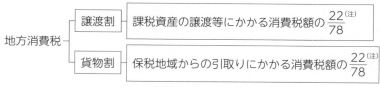

（注）　軽減税率については$\frac{176}{624}$

2 納税義務者

地方消費税の納税義務者は，次のとおりである。

🔖重要用語
譲渡割

▶ 1. 譲 渡 割

譲渡割は，事業者の行った課税資産の譲渡等について，その事業者に対し，個人事業者の住所地等または法人の本店等の所在地等の場所が所在する都道府県が課税する。

🔖重要用語
貨物割

▶ 2. 貨 物 割

貨物割は，課税貨物を保税地域から引き取る人に対し，その保税地域所在の都道府県が課税する。

3 課税標準と税率

① 譲渡割の課税標準額…課税資産の譲渡等にかかる消費税額から仕入れ等にかかる消費税額を控除した後の消費税額

② 貨物割の課税標準額…引取りにかかる消費税額

③ 税率…譲渡割，貨物割のいずれも$\frac{22}{78}$(注)

(注) 軽減税率については$\frac{176}{624}$

4 申告納付

① 譲渡割の申告は，消費税の申告と併せて税務署長に申告するとともに，消費税の納付と併せて国に納付するものとされている。

② 貨物割の申告は，消費税の申告と併せて税関長に申告するとともに，消費税の納付と併せて国に納付するものとされている。

5 徴収方法

地方消費税（譲渡割および貨物割）の賦課徴収は，国が消費税と併せて行うものとされている。

そのため，国は，納付があった譲渡割や貨物割を納付月の翌々月の末日までに納税地または保税地域所在の都道府県に払い込むことになっている。

6 | 不動産取得税

関連過去問題

✎2023年10月
問49
✎2023年3月
問50

 重要用語

不動産取得税

1 不動産取得税の概要

不動産取得税は，不動産を取得した場合その不動産所在の都道府県が，取得者に課税する税金であり，その概要は図表4-6-1のとおりである（地73条）。

●図表4-6-1 不動産取得税の概要

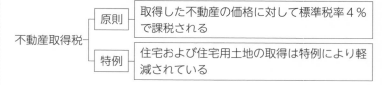

不動産取得税
- 原則：取得した不動産の価格に対して標準税率4％で課税される
- 特例：住宅および住宅用土地の取得は特例により軽減されている

2 納税義務者

不動産取得税は，不動産の取得に対し，その不動産所在の都道府県において，その取得者に課する税であるが，次の場合は次により課税する。

① 家屋が新築された場合…その家屋について最初の使用または譲渡が行われた日に家屋の取得があったものとみなされる（新築から6か月経過した場合は，6か月経過日に取得したものとみなされる）。

② 家屋を改築した場合…その家屋の価格が増加した場合には，その改築をもって家屋の取得とみなす。

③ 賃借人が付帯設備を取りつけた場合…建物と付帯設備が固定資産税評価において一体となっている場合には，建物所有

者に課税される。

3 非 課 税

次のような不動産の取得には，不動産取得税は課税されない。

▶ 1. 取得者による非課税

① 国・都道府県・市町村などの不動産の取得

▶ 2. 用途による非課税

① 公共用道路の用に供するための不動産の取得

② 保安林・墓地・公共用水道用地のための土地の取得

③ 宗教法人・学校法人・社会福祉法人などが，本来の目的の
ために必要とした不動産の取得

▶ 3. 形式的な所有権移転に対する非課税

① 相続による不動産の取得

② 法人の合併・一定の分割による不動産の取得

③ 信託による不動産の取得

④ 担保債権の消滅による譲渡担保不動産の移転による取得

4 課税標準と税率

▶ 1. 原　　則

不動産取得税は，取得した不動産の価格を課税標準として標準
税率４％の税率で課税される。

$$
不動産の価格 \times 4\% \left\{ \begin{array}{l} 平成18年4月1日から \\ 令和9年3月31日まで \\ の取得は3\%（住宅以外 \\ の家屋を除く） \end{array} \right\} = \boxed{不動産取得税額}
$$

（注）　固定資産課税台帳に不動産の価格が登録されている場合
には，原則としてその価格による。

▶ 2. 宅地評価土地の取得の特例

　平成18年1月1日から令和9年3月31日までの期間における宅地と宅地比準土地の取得に対する不動産取得税については，固定資産税評価額の2分の1を課税標準にする特例が設けられている。

▶ 3. 住宅を取得した場合の特例

①　新築住宅の取得

　個人または法人が新築住宅（増築・改築）を取得し，住宅の用に供した場合（賃貸を含む），1戸当たりの不動産取得税は，次のとおり軽減される特例が設けられている。

（不動産の価格−1,200万円）×税率＝ 不動産取得税額

②　既存住宅の取得

　個人が中古住宅で，昭和57年1月1日以降に建築されたものまたは新耐震基準に適合しているものを取得し，自己の居住の用に供した場合も，前記①の課税標準（一定額の控除）の特例の適用がある。

③　認定長期優良住宅の取得

　令和8年3月31日までの間に新築の認定長期優良住宅を取得した場合には，その住宅の課税標準から1,300万円を控除する。

5　免税点

　土地や家屋の課税標準となるべき金額が，図表4-6-2の金額に満たない場合は課税されない。

●図表4-6-2　免税点

区　分		免税点
土地の取得		100,000 円
建物の取得	新築・増築・改築など	1戸 230,000 円
	売買・交換・贈与など	1戸 120,000 円

補足

同一市町村内における所有者ごとに課税標準が一定額（土地30万円，家屋20万円，償却資産150万円）未満の場合は，固定資産税は課税されない。

6 住宅用土地を取得した場合の税額軽減の特例

▶ **1. 新築住宅用土地の取得**

　個人または法人が，一定要件を満たす新築住宅用土地を取得した場合には，税額軽減の特例が設けられている。

① 住宅の取得時期

　ⓐ 土地を取得した日から3年以内（令和6年3月31日までに土地を取得した場合で，一定の要件に該当するときは4年以内）にその土地の上の住宅を取得した場合

　ⓑ 土地を取得した日前1年以内に土地の上にある住宅を取得していた場合

② 税額の計算

　不動産の価格×税率－税額軽減額＝ 不動産取得税額

（注）税額軽減額

　次の①，②のうちいずれか多いほうの金額を控除する。

　① 150万円×税率

　② $\left[\begin{array}{c}\text{土地1m}^2\text{当たりの}\\\text{課税標準となるべ}\\\text{き価格の}\frac{1}{2}\text{の額}\end{array}\right] \times \left[\begin{array}{c}\text{住宅の床面積×2}\\(\text{200m}^2\text{が限度})\end{array}\right] \times$税率

　※ 土地1㎡当たりの課税標準となるべき価格が2分の1とされるのは，平成18年1月1日から令和6年3月31日までの土地の取得に限られる。

▶ **2. 既存住宅用土地の取得**

　個人が一定要件の既存住宅用土地を取得した場合は，前記▶1.の算式の税額軽減の特例が適用される。

7 固定資産税

関連過去問題
- 2024年3月
  問49
- 2022年10月
  問48

1 固定資産税の概要

固定資産税は，毎年1月1日現在に所有する固定資産に対して，その固定資産の所在する市町村が，その所有者に課する税金である（法341条）。

●図表4-7-1　固定資産税の概要

2 固定資産税の課税客体

▶ 1. 固定資産税の対象となる固定資産

① 土地…田畑・宅地・塩田・山林など

② 家屋…住家・店舗・工場・倉庫など

③ 償却資産…機械・備品など償却対象となる資産

▶ 2. 固定資産税の非課税

① 国，地方公共団体の所有資産

② 公用・公共の用に供するもの

③ 墓地，公共用道路，保安林，国宝，重要文化財など

④ 宗教法人，学校法人，社会福祉法人が本来の用に供する資産

ただし，前記に該当するものであっても，有償で借り受けてい

るものは，その所有者に固定資産税を課税する。

3　納税義務者

▶ 1. 原　　則

　固定資産税は，1月1日（賦課期日）に固定資産課税台帳に所有者として登録されている者が納税義務を負うものとされている。

　そのため，売買などにより，年の途中に所有者として台帳に登録された場合であっても，その所有者は納税義務を負うことはない。

　なお，固定資産課税台帳とは，図表4-7-2に掲げる台帳をいう。

●図表4-7-2　固定資産課税台帳

土　　地	土地登記簿または土地補充課税台帳
家　　屋	家屋登記簿または家屋補充課税台帳
償却資産	償却資産課税台帳

▶ 2. 例　　外

　本来なら固定資産課税台帳に登録されている者が納税義務を負うが，例外として登録されている者以外が納税義務を負うことがある。その主なものは次のケースである。

　① 質権または100年より永い存続期間の定めのある地上権の目的である土地は，その質権者または地上権者が納税義務を負う

　② 納税義務者が1月1日前に死亡または消滅している場合は，同日に現に所有している者が税務義務を負う　など

4　課税標準

　固定資産税の課税標準は，次のとおりである。

▶ 1. 土地・家屋の課税標準

　土地および家屋の課税標準は，1月1日（賦課期日）における

固定資産税課税台帳に登録されている価格である。

この価格は，原則として３年間据え置かれ，３年ごとに評価替えが行われる。

なお，この評価替えに伴う急激な税負担の変動を緩和するため，固定資産税には徐々に価格を引き上げていく負担調整措置が設けられている。

▶ 2. 償却資産の課税標準

償却資産の課税標準は，価格の据置きはなく，賦課期日における価格で，償却資産課税台帳に登録された価格である。

▶ 3. 課税標準の特例

住宅用地については，次の金額が課税標準となる特例が設けられている。

① 200m²以下の部分…その価格の６分の１

② 200m²超の部分…その価格の３分の１

なお，併用住宅については，居住用部分の床面積が全体の４分の１以上の場合には，居住用部分の割合に応じて，一定の課税標準の特例が適用される。

5 税率と税額計算

▶ 1. 税　　率

固定資産税の標準税率は1.4％である。

▶ 2. 税額計算の特例

固定資産税の税額計算には，税額を減額する特例が種々設けられており，その主なものは次のとおりである。

① 新築住宅等の減額の特例

新築住宅で一定要件を満たすものは，新たに固定資産税が課されることとなった年度から３年間に限り，その住宅にかかる固定資産税の２分の１を減額する。

② 中高層耐火建築物である新築住宅の減額の特例

新築中高層耐火建築物である住宅で一定要件を満たすものは，新たに課されることとなった年度から５年間に限り，その住宅にかかる固定資産税の２分の１を減額する。

③ 耐震改修された既存住宅に対する減額の特例

一定の住宅につき，平成18年１月から令和８年３月までの間に，１戸当たり50万円超の耐震改修工事を行った場合，その住宅の120㎡相当分までにかかる税額の２分の１を，工事完了時期に応じ１年度分（一定の住宅の耐震改修のときは２年間）減額する。

④ バリアフリー改修工事を行った既存住宅に対する減額の特例

一定の者が居住する既存住宅につき，平成19年４月から令和８年３月までの間に一定のバリアフリー改修工事を行い，その費用が50万円超の場合には，改修工事が完了した年の翌年度分に限り，その住宅の100㎡相当分までにかかる税額を３分の１減額する。

⑤ 省エネ改修工事を行った既存住宅にかかる減額措置

平成26年４月１日に存していた住宅で，平成26年４月から令和８年３月までの間に一定の省エネ改修工事を行い，その費用が60万円超の場合には，改修工事が完了した年の翌年度分に限り，その住宅にかかる税額（120㎡相当分まで）の３分の１を減額する。

⑥ 認定長期優良住宅にかかる減額措置

長期優良住宅の普及の促進に関する法律の施行日（平成21年６月４日）から令和８年３月までの間に新築された認定長期優良住宅について，新築から５年間（中高層耐火建築物は７年度分）に限り，その住宅にかかる税額（120㎡相当分まで）の２

分の1を減額する。

6 賦課期日と徴収方法

▶ 1. 賦課期日

固定資産税の賦課期日は，その年の1月1日であり，徴収は普通徴収による。

▶ 2. 納　　期

固定資産税の納期は，原則として4月，7月，12月および2月の4期である。

7 固定資産の評価と決定

① 固定資産の評価は，原則として市町村の固定資産評価員が固定資産評価基準にもとづき評価し，市町村長が価格を3月31日までに決定する。

なお，2以上の市町村にまたがる償却資産は道府県知事が評価する。

② 市町村は，土地価格縦覧帳簿，家屋価格縦覧帳簿を備え付け，原則として毎年4月1日から4月20日または納期限の日のいずれか遅い日までの間，納税者が評価額を比較できるように縦覧に供する。

理解度チェック

❶ 固定資産税の賦課期日は，その年の4月1日である。

❷ 固定資産税の課税対象となる固定資産は，土地，家屋および償却資産である。

❸ 固定資産税は，固定資産が所在する都道府県が課税する。

解答　❶ ✕　その年の1月1日である。
　　　❷ ◯
　　　❸ ✕　固定資産が所在する市町村が課税する。

📖 重要用語索引

＜執筆者＞

池田龍矢（公認会計士・税理士）

　中京大学法学部卒。平成 22 年有限責任あずさ監査法人入所，平成 25 年監査法人東海会計社入社後，平成 28 年池田公認会計士・税理士事務所開業。監査法人東海会計社代表社員として現在に至る。

　○監査法人東海会計社　愛知県名古屋市中区金山 1-12-14 金山総合ビル 5 階

小島浩司（公認会計士・税理士）

　平成 6 年早稲田大学商学部卒。平成 8 年太田昭和監査法人（現新日本監査法人）入社，平成 13 年監査法人東海会計社および公認会計士小島興一事務所（現　税理士法人中央総研）入所後，監査法人東海会計社代表社員として現在に至る。公開支援業務，グループ企業の経営戦略コンサルティング業務等に携わるかたわら，法人税申告書や IFRS，連結経営セミナーなどの講師も行う。

　主な執筆活動：「給与賞与退職金の会社税務Ｑ＆Ａ」（中央経済社），「事例で分かる税務調査の対応Ｑ＆Ａ」（税務経理協会），「コンサルティング機能強化のための決算書の見方・読み方」「提案融資に活かす法人税申告書の見方・読み方」「中小企業海外展開支援　実務のポイント」「銀行業務検定試験 財務 3 級 直前整理 70」「図解でわかる仕訳から決算書・申告書までの流れ」（以上経済法令研究会），「よくわかる事業承継」（三菱 UFJ リサーチ＆コンサルティング）

　○監査法人東海会計社　愛知県名古屋市中区金山 1-12-14 金山総合ビル 5 階

齋藤孝一（法学博士・税理士・中小企業診断士・公認会計士試験合格者・CFP®）

　株式会社ＭＡＣコンサルタンツ代表取締役，MAC ＆ BP ミッドランド税理士法人 理事長，ミッドランド監査法人パートナー（特定社員）。名古屋大学大学院法学研究科博士課程単位取得。中日文化センター講師，日本私法学会・日本税法学会・租税訴訟学会会員として活躍中。

　主な執筆活動：「イラストでわかる中小企業経営者のための新会社法」「中小企業経営に活かす税制改正と会社法」（以上 経済法令研究会），「逐条解説　中小企業・大企業子会社のためのモデル定款」（第一法規），「非公開株式　譲渡の法務・税務」「事業承継に活かす従業員持株会の法務・税務」「組織再編・資本等取引をめぐる税務の基礎」「会計参与制度の法的検討」「事業承継に活かす 持分会社・一般社団法人・信託の法務・税務」「事業承継に活かす納税猶予・免除の実務」「決算書は役に立たない！　経営計画会計入門」（以上 中央経済社），「中小企業の事業承継」（清文社），論文「会計参与の法的責任」で，平成 24 年度新日本法規財団奨励賞受賞。

　○MAC ＆ BP ミッドランド税理士法人　愛知県名古屋市中村区名駅三丁目 28 番 12 号
　　大名古屋ビルヂング 21F

新開章（税理士）

　平成 6 年中京大学経済学部卒業後，神東塗料株式会社，有限会社日新商会を経て，平成 19 年大井健次税理士事務所に入所。平成 22 年に税理士登録。令和 2 年，税理士法人中央総研金山オフィス設立とともに社員税理士，現在に至る。

　主な執筆活動：「最新会社登記と税務」（共著）（新日本法規），「ケースブック不動産登記のための税務」（共著）（民事法研究会）

　○税理士法人中央総研金山オフィス　愛知県名古屋市熱田区金山町 1-5-2　クマダ 77 ビル 3 Ｆ

髙木正樹（公認会計士・税理士・CFP®）

　南山大学法学部卒。トーテックアメニティ（株）を経て公認会計士試験合格後，監査法人東海会計社入社。平成9年公認会計士髙木正樹事務所開業。

　○公認会計士髙木正樹事務所　愛知県岡崎市曙町二丁目3 三城ビル3階

福嶋久美子（税理士）

　名古屋市立女子短期大学（現　名古屋市立大学）経済科卒。郵船ロジスティクス㈱，㈱ノリタケカンパニーリミテド勤務を経て，平成18年税理士法人中央総研入社。資産税部スタッフとして現在に至る。

　○税理士法人中央総研　愛知県名古屋市中区丸の内二丁目19番24号 中央総研ビル

松本幸代（税理士）

　愛知大学文学部卒。（株）名教を経て，平成19年税理士法人中央総研入社後，税理士試験合格。コンサルティング部のスタッフとして現在に至る。

三野隆子（税理士）

　お茶の水女子大学家政学部卒。県立高等学校教諭を経て，公認会計士小島興一事務所（現税理士法人中央総研）に入所後，税理士試験合格。平成7年三野豊税理士事務所入所。

　主な執筆活動：「税金入門」（共著）（経済法令研究会），「税金のしくみが3時間でわかる事典」（共著）（明日香出版社），「新会社法の実務Q&A」（共著）（清文社）

　○三野隆子税理士事務所　香川県高松市亀岡町2番17号　村川亀岡ビル3階

森田雅也（公認会計士・税理士）
　りんく税理士法人代表社員

　名古屋大学大学院農学研究科修士課程修了後，税理士試験合格。昭和62年監査法人朝日新和会計社（現あずさ監査法人）入社後，公認会計士試験合格。株式公開支援，財務システム設計支援などの業務にたずさわり，平成5年より森田会計事務所勤務。平成16年税理士法人森田会計パートナーズ（現りんく税理士法人）設立。

　主な執筆活動：「タイムリーニュース」（愛知産業情報　186～189号），「会社法の法務・会計・税務」（共著）（清文社）等

　○りんく税理士法人　愛知県碧南市久杳町一丁目22番地

（以上，敬称略。五十音順）

☆　**本書の内容等に関する追加情報および訂正等について**　☆

本書の内容等につき発行後に追加情報のお知らせおよび誤記の訂正
等の必要が生じた場合には，当社ホームページに掲載いたします。

（ホームページ 書籍・DVD・定期刊行誌 メニュー下部の 追補・正誤表 ）

銀行業務検定試験　公式テキスト　**税務3級** 2024年度受験用

2024 年 7 月 29 日　第 1 刷発行

編　者　　経 済 法 令 研 究 会
発 行 者　　髙 橋 春 久
発 行 所　　㈱経 済 法 令 研 究 会
〒 162-8421　東京都新宿区市谷本村町 3-21
電話 代表 03-3267-4811 制作 03-3267-4897
https : // www.khk.co.jp/

営業所／東京 03(3267)4812　大阪 06(6261)2911　名古屋 052(332)3511　福岡 092(411)0805

制作／経法ビジネス出版㈱・小野　忍　印刷／あづま堂印刷㈱　製本／㈱島崎製本

◉銀行業務検定試験等　試験対応通信講座◉

(2024年5月現在)

法　務

◉法務3・4級対応
実務に活かす 金融法務の基本がよくわかるコース
●受講期間3か月　●14,300円

◉法務2級対応
事例で学ぶ 金融法務の理解を深め実務対応力を高めるコース
●受講期間3か月　●16,500円

◉融資管理3級対応
融資管理実務コース
●受講期間4か月　●17,380円

財　務

◉財務3・4級対応
実務に活かす 財務の基本がよくわかるコース
●受講期間3か月　●13,200円

◉財務2級対応
事例で学ぶ 財務分析力を高め経営アドバイスに活かすコース
●受講期間3か月　●16,500円

税　務

◉税務3・4級対応
実務に活かす 税務の基本がよくわかるコース
●受講期間3か月　●13,200円

◉税務2級対応
事例で学ぶ 税務相談力を高め顧客アドバイスに活かすコース
●受講期間3か月　●16,500円

外国為替

◉外国為替3級対応
実務に活かす 外国為替と貿易の基本がよくわかるコース
●受講期間3か月　●13,200円

信　託

◉信託実務3級対応
信託実務コース
●受講期間4か月　●15,180円

金融経済

◉金融経済3級対応
実務に活かす 金融と経済の基本がよくわかるコース
●受講期間3か月　●13,200円

マネジメント

◉営業店マネジメントⅡ対応
営業店マネジメント[基本]コース
●受講期間3か月　●15,840円

◉営業店マネジメントⅠ対応
営業店マネジメント[実践]コース
●受講期間4か月　●19,580円

投資信託・資産形成

◉投資信託対応
投資信託基礎コース
●受講期間3か月　●15,840円

◉資産形成アドバイザー3級対応
資産形成アドバイザー基本コース
●受講期間2か月　●10,340円

◉資産形成アドバイザー2級対応
資産形成アドバイザー養成コース
●受講期間3か月　●15,840円

年　金

◉年金アドバイザー3・4級対応
実務に活かす 年金の基本がよくわかるコース
●受講期間3か月　●13,200円

◉年金アドバイザー2級対応
事例で学ぶ 年金相談力を高め頼られるアドバイザーになるコース
●受講期間3か月　●16,500円

相　続

◉相続アドバイザー3級対応
実務に活かす 相続手続きの基本がよくわかるコース
●受講期間2か月　● 8,800円
●受講期間3か月　●11,000円

◉相続アドバイザー2級対応
相続アドバイザー養成コース
●受講期間3か月　●13,860円

融資・渉外

◉窓口セールス3級対応
窓口セールス実践コース
●受講期間3か月　●12,760円

◉個人融資渉外3級対応
個人ローン・住宅ローン推進に自信が持てるコース
●受講期間3か月　●13,200円

◉法人融資渉外3級対応
法人融資渉外基本コース
●受講期間4か月　●17,380円

◉事業性評価3級対応
伴走支援で持続的成長を促す **事業性評価力養成コース**
●受講期間2か月　●10,340円
●受講期間3か月　●12,540円

◉経営支援アドバイザー2級対応
経営支援アドバイザー養成コース
●受講期間3か月　●15,840円

◉事業承継アドバイザー3級対応
営業店の事業承継支援コース
●受講期間3か月　●13,860円

◉CBT DXサポート対応
取引先のDX推進をサポートするコース
●受講期間2か月　●6,600円
●受講期間3か月　●8,800円

◉サステナブル経営サポート
（環境省認定制度 脱炭素アドバイザー ベーシック）対応
取引先のサステナブル経営をサポートするコース
●受講期間2か月　●6,600円
●受講期間3か月　●8,800円

コンプライアンス・個人情報保護

◉金融コンプライアンス・オフィサー2級対応
金融コンプライアンス[基本]コース
●受講期間3か月　●13,860円

◉金融コンプライアンス・オフィサー1級対応
金融コンプライアンス[管理者]コース
●受講期間3か月　●14,960円

◉JAコンプライアンス3級対応
JAコンプライアンスコース
●受講期間3か月　●10,890円

◉金融個人情報保護オフィサー2級対応
よくわかる 金融個人情報保護コース
●受講期間2か月　●10,120円

◉金融AMLオフィサー[実践]・[基本]対応
マネー・ローンダリング対策徹底理解コース
●受講期間2か月　● 9,130円
●受講期間3か月　●11,330円

◉金融AMLオフィサー[取引時確認]対応
営業店のマネロン対策に役立つ **取引時確認・疑わしい取引への感度を高めるコース**
●受講期間2か月　●6,600円
●受講期間3か月　●8,800円

JAのマネロン対策に役立つ **取引時確認・疑わしい取引への感度を高めるコース**
●受講期間2か月　●6,600円
●受講期間3か月　●8,800円

ホスピタリティ

◉社会人ホスピタリティ[実践]・[基本]対応
気持ちを伝え心を動かすホスピタリティ・マスターコース
●受講期間2か月　●9,570円

※受講料は消費税（10%）込の価格です。

K 経済法令研究会 https://www.khk.co.jp/

●経済法令ブログ
https://khk-blog.jp/

2024年度 CBT試験実施のご案内

5月開始
実施日程：2024年5月1日（水）～2025年3月31日（月）
申込日程：2024年4月28日（日）～2025年3月28日（金）

種目	出題形式	試験時間	受験料（税込）
CBT法務3級	五答択一式50問	120分	5,500円
CBT法務4級	三答択一式50問	90分	4,950円
CBT財務3級	五答択一式50問	120分	5,500円
CBT財務4級	三答択一式50問	90分	4,950円
CBT事業承継アドバイザー3級	四答択一式50問	120分	5,500円
CBT事業性評価3級	四答択一式50問	120分	5,500円
CBT相続アドバイザー3級	四答択一式50問	120分	5,500円
CBT信託実務3級	五答択一式50問	120分	5,500円
CBT DXサポート	三答択一式50問	60分	4,950円
サステナブル経営サポート （環境省認定制度 脱炭素アドバイザー ベーシック）	三答択一式50問	60分	4,950円
CBT金融コンプライアンス・オフィサー2級	四答択一式50問	120分	5,500円
CBT金融個人情報保護オフィサー2級	四答択一式50問	120分	5,500円
CBT金融AMLオフィサー［実践］	三答択一式50問	90分	5,500円
CBT金融AMLオフィサー［基本］	三答択一式50問	90分	4,950円
CBT金融AMLオフィサー［取引時確認］	三答択一式50問	90分	4,950円
CBT社会人コンプライアンス検定試験	三答択一式50問	60分	4,950円
CBT社会人ホスピタリティ［実践］	四答択一式50問	120分	6,600円
CBT社会人ホスピタリティ［基本］	三答択一式50問	90分	4,950円
CBT共生社会コミュニケーション検定試験	三答択一式50問	60分	4,950円

6月開始
実施日程：2024年6月1日（土）～2025年3月31日（月）
申込日程：2024年4月28日（日）～2025年3月28日（金）

種目	出題形式	試験時間	受験料（税込）
CBT税務3級	五答択一式50問	120分	5,500円
CBT税務4級	三答択一式50問	90分	4,950円
CBT年金アドバイザー3級	五答択一式50問	120分	5,500円
CBT年金アドバイザー4級	三答択一式50問	90分	4,950円

申込方法

個人申込：株式会社CBT-Solutions のウェブサイトの CBT試験申込ページから
お申込みください。
https://cbt-s.com/examinee/

団体申込：団体申込をご希望の団体様には、専用の申込・成績管理用ウェブサイトの
URLを発行いたします。
専用ウェブサイトからお申込みされた受験者の情報や成績等について、
管理画面でご確認いただけます。

〔試験に関するお問合せ先〕
検定試験運営センター
〒162-8464　東京都新宿区市谷本村町 3-21　TEL 03-3267-4821

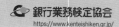
銀行業務検定協会
https://www.kenteishiken.gr.jp/